W0047275

MIRKO KUSSIN
URSULA HERTEWICH

Zwei **Sichten**

MIRKO KUSSIN
URSULA HERTEWICH

Zwei **Sichten**

GEDANKEN ÜBER GOTT UND DIE WELT

adeo

INHALT

VORWORT

Bücher sind ja nicht gerne alleine. Sie leben am liebsten in Gesellschaft. Umgeben von anderen Seiten. Und von Neugierigen. Da entfalten sie ihre volle Wirkung. Sie wollen gelesen werden. Aufgeschlagen. Durchschaut. Ausgelegt. Meditiert und diskutiert. Sie wollen einzelne Zeilen unterstrichen wissen. Ans Herz gedrückt werden. Weitererzählt. Ausgeliehen und verschenkt. Sie wünschen sich Eselsohren. Spuren von Kaffeetassenrändern und Rotweingläsern. Schweiß. Lachtränen und die anderen. Bücher sind eben soziale Wesen.

Dieses Buch war noch nie allein. Es entstand zu zweit. Im Gespräch. Im Dialog. Im Unterschied. Im krassen Gegensatz wie gleichzeitig in respektvoller Verbundenheit. Dieses Buch enthält zwei Sichten. Es ist nicht eindeutig. Es ist vielsagend. Vielseitig. So abwechslungsreich, weil abwechselnd geschrieben.

Die Themen des Buches könnten auch jeweils für sich allein in einem dicken Wälzer behandelt werden: Freiheit, Tod, Luxus, Hoffnung, Gott, Sex, Glaube. Aber sie erscheinen hier zusammen. So sind auch sie nicht allein und das macht was aus ihnen. Die Angst ist umgeben von Wut und Wüste. Der Erfolg eingerahmt von Eitelkeit und Freiheit. Der Glaube wird umarmt von der Gemeinde und von Gott. Dieses Buch will nicht diktieren, an keiner

Stelle monologisieren, es möchte austauschen und vermitteln. Mitten in der Welt, zwischen Welten.

„Die Nonne und der Hipster haben ein Buch zusammen geschrieben?" Diese ungläubige Frage ist wohl die heilige Begleitung dieses Buches. Das Staunen gehört dazu. Die Ordensschwester und der Texter. Apfelbäckchen und Vollbart. Weißer Habit, schwarzer Kapuzenpulli. Apothekerin und Architekturstudent. Mystikerin und PR-Mensch. Seelsorgerin und Schriftsteller. Stolze Saarländerin und Ruhrpott-Junge, der gerne anpackt. Ehelose und Ehemann. Schwester und Schrebergärtner. Ursula und Mirko.

Dieses Buch würde sich wohlfühlen neben der Bibel. Neben Arun Gandhi. Papst Franziskus. Pippi Langstrumpf. Neben „Ich will mich einmischen in diese Welt", den Briefen der heiligen Katharina von Siena. Und ein paar Thrillern von Stephen King. Neben dem „Ich und Du" von Martin Buber. Neben „Die Vereindeutigung der Welt". Hier wird persönlich erzählt. Dezent und dennoch deutlich. Wir lesen Geständnisse. Vom befreiendsten Ja eines Lebens. Vom sympathischen Schönwetter-Katholiken. Vom Kater. Von Kirchenglocken. Spaß am Sex. Vom Labyrinth. Manches ist schonungslos. Einiges witzig. Anderes tiefsinnig. Das hochaktuelle, schwerschöne Wort „Ambiguitätstoleranz" kommt nicht drin vor und ist doch dicht angesammelt zwischen den Zeilen. Wo es zwei Sichten gibt, wird es ganz bald auch mehr als zwei geben. Dieses Buch ist eine Einladung, mit einer Meinung nicht allein zu bleiben. Es ist wohl kein Zufall, dass die indoeuropäische Zwei (Twee, Duo, Two, Deux, Dos) dem „Du" ähnelt. Wer nicht nur bei der eigenen Einsicht bleibt, nicht nur gerne „Ich" sagt, sondern eine zweite Sicht wagt und ebenso gerne „Du" sagen kann, hat viel gewonnen.

Bücher sind nicht gerne alleine. Und dieses hier möchte in (die) Gesellschaft. In die Stille, auch das zuerst mal gerne. Dann aber in den Dialog. In Debatten. In die Kirche. Auf Kirchentage. Katholikentage. In die Messe, die Öffentlichkeit, ins Kloster, in die Agentur. Die Dominikanerin und der Literat wollen unterhalten und anregen, inspirieren, unterbrechen, ermutigen, wecken, kitzeln. Der Bibelvers zum Buch könnte eine Zeile aus dem Psalter sein, wo die betende Person sagt: „Ein Wort hat Gott gesagt, zwei sind es, die ich gehört habe."[1] Das Lied zum Buch könnte von den Fantastischen Vier sein: „Allein sein ist out. Vorbei ist die Zeit, in der man keinem mehr traut." Menschen sind ja wie Bücher soziale Wesen.

Christina Brudereck
Evangelische Theologin, Schriftstellerin und die eine Künstlerin des Duos 2Flügel. Sie liebt das Kloster Arenberg und das Ruhrgebiet. Spiritualität und schöne Texte. Ökumene und Dialog. Und Ursula und Mirko.

DIE URSULA / DER MIRKO

Die Ursula – selten bin ich einem Menschen begegnet, mit dem jede Unterhaltung einfach immer zu kurz ist. Ursula ist eines dieser seltenen Exemplare Mensch. Egal wie oft wir uns sehen und miteinander sprechen, die Zeit reicht nie aus. Etwa ein bis zweimal im Jahr verbringen meine Frau und ich ein paar entspannend-inspirierende Tage im Kloster Arenberg und im Laufe der Jahre hat sich die lockere Tradition ergeben, dass wir uns während dieser Tage mindestens einmal mit Ursula im Klostercafé treffen, einen Cappuccino trinken und – im wahrsten Sinn des Wortes – über Gott und die Welt reden. Diese Gespräche sind stets ein Feuerwerk und sie waren sicherlich der Auslöser dafür, dieses Buch zu planen und die Idee schließlich auch umzusetzen. Ob Smartwatches, die Hölle, Urlaubsreisen, Zweifel, Facebook-Profile oder der Glaube an sich: Die Perspektive der Ordensschwester ist immer eine echte Bereicherung. Und Ursula steht mitten im Leben.

Wie viele ihrer Mitschwestern ist sie eine wirklich gute Botschafterin für den Katholizismus. Und manchmal denke ich, dass die Arenberger Truppe mehr Menschen zu Gott gebracht hat als alle Ausgaben des Wortes zum Sonntag zusammen. Sie sind der Meinung, dass der katholische Glaube lebensfern sei, unmodern und nicht in den Alltag passe? Reden Sie ein, zwei Stündchen mit Schwester Ursula und Ihre Meinung gerät ins Wanken. Nach zwei weiteren Stunden sind Sie ein Fan. Und noch zwei Stunden später wollen Sie direkt und aus vollster Überzeugung in einen Orden eintreten. Ich verspreche es Ihnen. Oder folgen Sie ihr doch einfach auf Facebook. Sie werden erstaunt sein.

Ich bin immer wieder verblüfft, wie tiefgründig sie sein kann und aus wie vielen verschiedenen Blickwinkeln sie auf die Welt, das Leben und ihren Glauben schaut. So saß ich zum Beispiel noch kürzlich in einem ihrer Vorträge über die österliche Liturgie. Für jemanden wie mich, der viel zu selten einen Gottesdienst besucht, um die ganzen Regeln, Hintergründe und Verhaltensweisen zu kennen, ein ebenso interessantes wie auch abschreckendes Thema. Ist ja schließlich schwere Kost: Kreuzigung, Folter, Leiden. Blut schwitzen. Und dann tritt Ursula nach vorne und rockt die Bude. Erzählt mit solch einer Begeisterung von Kreuzverhüllung, Tod und anschließendem hundertfachen Halleluja auf der ganzen Welt, dass man einfach lächeln muss. Sie brennt für ihren Glauben. Dieses Feuer strahlt hinaus in die Welt und erreicht selbst Amateurchristen wie mich. Ursula ist pure Authentizität und das ist ein riesiges Pfund, mit dem sie wuchern kann.

Diese Authentizität ist wahrscheinlich auch der Grund, warum ich sie trotz ihres außergewöhnlichen und immer etwas eintönigen Kleidungsstils gar nicht mehr in ihrer Funktion als Ordensschwester wahrnehme. Diese leicht würde- und respektvolle Distanz, die ich ganz zu Anfang noch pflegte, weil sie ja schließlich eine Ordensschwester ist, hat sich ziemlich schnell gelegt. Jetzt ist sie einfach Ursula für mich. Eine Frau, die ihren Weg mit Gott geht und die einen messerscharfen Verstand hat. Eine lebenslustige Frau, die zum Leidwesen ihrer bezaubernden Mutter auch in Ordenstracht nicht vollständig auf Kraftausdrücke verzichten kann. Eine Frau, die mit ihrem ganzen Sein einen liebevollen, gütigen, verzeihenden Gott verkündet. Einen Gott, der Humor versteht. Und das macht sie so gut, dass man selbst Bock auf diesen liebenden Gott bekommt. Sie schafft es innerhalb kürzester Zeit, die Klischees über die ‚ach so verstaubte katholische Kirche‘ zu atomisieren. Mit ihr kann man immer mit einem Schnäpschen anstoßen, ohne dass es wie die aufgesetzte Bürgernähe mancher Politiker wirkt. Und bei alldem bleibt sie doch immer die weise, kluge Ordensschwester. Sie liebt das Leben, sie liebt Gott. Und sie meistert den Balanceakt zwischen würdevoller Weisheit und kindlicher Lebensfreude mit eleganter Leichtigkeit. Von ihr kann man sehr viel über das Leben lernen. Über Annahme und Lebensfreude, über Leichtigkeit und Genuss, über Radikalität und Vernunft, über Dankbarkeit, Demut und Selbstverständlichkeiten.

Ursula ist ein schneeweiß verpacktes Geschenk für die Welt. Und im Laufe der Jahre ist sie meiner Frau und mir eine Freundin geworden, die unser Leben bereichert. Die hier mal ein wenig Zuversicht hinterlässt und dort mal eine Prise Hoffnung. Und wenn sie zwischendurch lacht, dann muss man einfach denken, dass das Leben vielleicht doch nicht so schwer ist. Wir sind alle drei ungefähr gleich alt und manchmal stelle ich mir unsere Treffen in 30 oder 40 Jahren vor. Den Cappuccino trinken wir dann entkoffeiniert, unsere Rollatoren parken wir rund um den Tisch, und wahrscheinlich brauchen wir deutlich länger, bis wir uns niedergelassen haben. Aber ansonsten wird es so sein wie jetzt. Wir werden tolle Gespräche über Gott und die Welt führen.

Das ist eine gute Vorstellung. Eine schöne.

● ○

Der Mirko – als ich ihn zum ersten Mal in der Raucherecke von Kloster Arenberg entdeckte (der Ort übrigens, wo man ihn nebst bester Ehefrau gefühlt *immer* trifft, wenn er bei uns zu Gast ist), fiel er mir direkt auf. Denn auch wenn viele sehr unterschiedliche Menschen zu uns auf den Arenberg kommen, finden Leute wie er doch eher selten bis nie den Weg in unser Haus.

„Ein cooler Typ, mit dem würde ich gerne mal über Gott und die Welt plaudern", dachte ich spontan – damals natürlich noch nicht ahnend, dass aus einem solchen „Geplauder" irgendwann einmal ein gemeinsames Buchprojekt entstehen könnte. Aber wieder zurück: Nicht nur ich fand Mirko interessant, innerhalb weniger Tage war der „nette junge Mann" (O-Ton einer Mitschwester) nebst seiner bezaubernden Ehefrau auf dem Arenberg unter Schwestern und Mitarbeitern bekannt wie ein bunter Hund. Ohne dass viele Worte gewechselt worden wären, war eine große gegenseitige Sympathie zu spüren. Das war der Anfang, es muss wohl 2010 gewesen sein.

So intensiv ich auch nachgrüble, ich kann mich beim besten Willen nicht mehr daran erinnern, wann und wo und aus welchem Anlass genau wir erstmals „richtig" und „offline" miteinander ins Gespräch kamen. Ich weiß nur noch, dass dieses Gespräch in mir sehr ambivalente Gefühle hinterließ: Auf der einen Seite spürte ich bereits nach ein paar Minuten eine seltsame Vertrautheit, eine gemeinsame Basis, die mir schon fast magisch erschien – auf der anderen Seite jedoch auch etwas Befremdliches, was ich bis auf den heutigen Tag nicht richtig einordnen kann. Auf jeden Fall machte dieses erste Gespräch wohl beidseitig große Lust auf mehr, und so folgten bei späteren Aufenthalten zahlreiche weitere – meistens bei einem Cappuccino im Klostercafé, mal mit einem Glas Rotwein im Klosterkeller, mal zu zweit, mal mit

Ehefrau und Mitschwestern ... – und immer, wirklich immer, raste gefühlt die Zeit davon, immer waren diese Gespräche viel zu kurz, immer hätte es noch so viel mehr zu sagen gegeben.

Das Verrückte ist: Ich ahne, dass es in unser beider Leben eine Zeit gab, in der wir uns deutlich weniger aufgeschlossen begegnet wären und uns vielleicht sogar gemieden hätten wie die Pest. Ich denke an die Jahre des Erwachsenwerdens, die für mich ganz und gar geprägt waren von einer großen Leidenschaft für klassische Musik, regelmäßigen Gottesdienstbesuchen und Jugendarbeit in meiner kleinen heilen saarländischen Welt, während – so meine Fantasie – Mirko in deutlich anderer Richtung erfahrungshungrig war. Wie hätten wir uns wohl Anfang der 90er gegenseitig wahrgenommen, wären wir auf dieselbe Schule gegangen? Und wie kommt es eigentlich, dass wir uns heute offenbar so unendlich viel zu sagen haben? Fragen über Fragen ...

Die Gespräche mit Mirko sind für mich persönlich wie ein innerer Zugang zu einer Welt, die mir bis vor einiger Zeit völlig fremd war. In dieser Welt wird zwar wahrscheinlich deutlich weniger über Gott gesprochen als in „meiner" Welt, aber ich bin mir nicht sicher, ob Er dort nicht umso intensiver gesucht wird. Wie sonst lässt sich die unbändige Sehnsucht nach Wahrheit, Leben, Entgrenzung und Gerechtigkeit verstehen, die in Mirkos Herz lebendig ist und in vielen seiner Texte zum Ausdruck kommt? Ja, ich glaube, die gemeinsame Suche verbindet uns zutiefst. Wir beide lassen uns nicht abspeisen mit billigen Antworten auf die existenziellen Fragen des Lebens, vielmehr ziehen wir es vor, mit offenen Fragen leben zu lernen. Wir beide wollen es wissen, wollen wissen, was die Welt im Innersten zusammenhält, und werden nicht müde, leidenschaftlich danach zu suchen, jeder auf seine Weise.

Ich habe Mirko in den vergangenen Jahren als stillen, nachdenklichen, liebevollen, im wahrsten Sinne des Wortes tiefsinnigen Menschen erlebt, der sehr sorgfältig zuhören kann. Dass dieser Mensch sich gleichzeitig Horrorfilme anschaut und – zumindest für meine Ohren – ebenso gruselige Musik liebt, stört mich inzwischen überhaupt nicht (mehr). Vielleicht, weil er gerade durch diese Widersprüchlichkeit in seiner Person die Wirklichkeit unserer Welt widerspiegelt, die eben auch nicht immer nur schön ist, aber dennoch Gottes radikal geliebte Schöpfung.

Mirko und ich lieben es, unterschiedliche Menschen, ja sogar verschiedene Welten miteinander in Verbindung zu bringen und zu vernetzen. Die Tatsache, dass wir uns getroffen haben, rechne ich dem besten aller Netzwerker an, der niemals müde wird, uns in neue Fragen zu drängen und neue Horizonte zu eröffnen: GOTT sei Dank!

ZWISCHEN KIRCHENBANK UND BARHOCKER

Die Idee zu diesem Buch entstand schon vor einigen Jahren und im Nachhinein betrachtet scheint es wohl so etwas wie Fügung gewesen zu sein: Wir hatten uns im Herbst 2010 in Arenberg kennengelernt und aus den anfänglichen Grüßen beim Vorbeigehen und einigen Facebook-Nachrichten wurden im Laufe der Zeit Treffen bei Cappuccino, lange E-Mails und witzige Whats-App-Nachrichten. Die Themen unserer Gespräche kreisten um Gott und die Welt, um die Hölle, um Katzen, um Vergebung, Glauben, Social Media, Kirche, um Kaninchen, Hühner, Smartwatches und Bluetooth-Lautsprecher, um Lebensentwürfe und Schicksalsschläge – also alles Themen, die man zwischen Kirchenbank und Barhocker finden würde. Ungefiltert aus dem Leben.

So unterschiedlich unser Äußeres sein mochte, unsere Ansichten lagen bei vielen Themen sehr nah beieinander. Wie in der Mathematik kamen wir beide über unterschiedliche Wege zum gleichen Ergebnis. „Man müsste unsere Gespräche eigentlich mal aufzeichnen", sagte Mirkos Ehefrau irgendwann einmal. Und: „Das würde mit vielen Klischees und Vorurteilen aufräumen." Und dann noch: „Das könnte auch andere Menschen interessieren." Schließlich haben wir doch alle ähnliche Fragen im

Kopf und Herzen. Fragen nach dem Sinn und nach Gott. Viele von uns sind auf der Suche nach Antworten in einer Welt, die uns täglich neu herausfordert. Wir wollen Spiritualität leben, Erfahrungen machen, die über unser Sein hinausreichen, wir wollen den göttlichen Funken im Alltag finden, in der S-Bahn, im Kino, im Garten.

Die Idee stand nun im Raum, aber es dauerte noch eine ganze Weile, bis wir uns wirklich mit diesem Projekt auf den Weg machten. Mal hatten wir keine Zeit, mal die Idee schon fast vergessen. Aber eben nur fast. Tief im Herzen gärte sie weiter. Bis zum Frühjahr 2017, bis zu einem Treffen mit Annette Friese vom adeo Verlag. Sie gab schließlich den entscheidenden Impuls, aus der Idee ein echtes Buch zu machen.

Das Konzept war schnell erstellt, schließlich hatten wir die Idee seit Jahren im Kopf. Themen gab es in Hülle und Fülle. Den Stil der einzelnen Texte hielten wir so offen wie möglich, mal humorvoll, mal nachdenklich, mal mit Gott, mal fast ohne. Eben genau so, wie es unser beider Leben entspricht. Und dann begannen wir zu schreiben.

Das taten wir unabhängig voneinander, um uns den Themen von der anderen WeltSicht unbeeinflusst nähern zu können. Wir verabredeten, dass wir den Text des jeweils anderen erst dann lesen würden, wenn wir beide ein Thema abgeschlossen hätten. Was Sie in diesem Buch lesen werden, sind also wirklich jeweils ZweiSichten auf ein Schlagwort. Ganz individuell, ganz frei, ohne Absprachen.

Unsere ZweiSichten haben keinen Anspruch auf Allgemeingültigkeit, sie sind keine absoluten Wahrheiten, sie sind ein Blick auf die Welt durch unsere vier Augen. Wir hoffen, dass Sie sich in den Texten wiederfinden und dass Sie beim Lesen ebenso viele

Aha-Erlebnisse haben werden, wie wir sie beim Schreiben erleben durften. Dass Sie die Texte als Anregung verstehen, Ihre Sicht auf diese Themen zu finden. Denn dann entsteht aus den Bildern unserer ZweiSichten ein funkelndes Kaleidoskop. So bunt und schillernd wie das Leben.

GEDANKEN ÜBER GOTT UND DIE WELT

GLÜCK

Diesen Text über das Glück habe ich lange nicht begonnen. Ich spiele hin und wieder Lotto, nicht wöchentlich, aber doch recht regelmäßig. Ein kompletter Schein, inklusive Spiel 77, als Quicktipp für die Samstagsziehung macht 16,10 Euro. Als Einstieg in diesen Text hätte ich gerne etwas von einem Lottogewinn geschrieben. Keinem großen, keinem Sechser oder so. Ein Dreier mit Zusatzzahl hätte völlig ausgereicht, mich dem Thema Glück elegant zu nähern. Aber, nun ja, heute ist Samstagabend und ich hatte mal wieder kein Glück bei der Ziehung. Kein Dreier, kein Zweier mit Zusatzzahl. Ich glaube, es waren fünf richtige Zahlen auf zwölf Reihen verteilt. Der elegante Einstieg in diesen Text muss also ausfallen, denn ich hatte heute einfach kein Glück.

Zumindest nicht im Lotto. In anderen Lebensbereichen hatte dieser Tag durchaus ein paar Glücksmomente zu bieten: Das Wetter war herrlich, ich saß den ganzen Tag im Garten und konnte prima am Laptop arbeiten. Zwischendurch schmiss ich den Grill an und gegen Abend war ich noch an der Eisdiele, drei Kugeln für mich und drei für die beste Ehefrau. Das klingt nach einem ziemlich guten Tag. Glück gehabt! Und wenn ich dann noch bedenke, dass ich nicht in einen Verkehrsunfall verwickelt wurde, keine Einbrecher im Haus waren, kein Gewitterblitz das Dach in Flammen setzte und mir der Himmel nicht auf den Kopf fiel, dann muss ich schon sagen, dass ich heute sogar jede Menge Glück hatte.

Aber so ist es mit dem Glücksempfinden. Man scheint vor allen Dingen dann glücklich zu sein, wenn einem Gutes widerfährt. Ein freier Parkplatz mitten in der Innenstadt, eine Einladung zum Essen, eine Steuerrückzahlung. „Da habe ich aber Glück gehabt", denkt man dann und vergisst dabei, dass man eine Minute zuvor auch Glück hatte, weil man nicht auf der Treppe stolperte, nicht fiel und sich nicht beide Beine brach. Diese Art des Glücks empfinden wir leider viel zu häufig als Normalität. Und an dieser Wahrnehmungsbruchstelle liegt im wahrsten Sinne des Wortes der Schlüssel zum Glück. Denn Glück zu erfahren und sich glücklich zu fühlen, ist ganz häufig eine Einstellungssache. Doch ich will nicht wie einer dieser Jeder-kann-glücklich-sein-Selbstoptimierungsverkünder klingen, denn natürlich kann nicht jeder glücklich sein. Da gibt es all jene, die mit Traumafolgestörungen zu kämpfen haben oder mit Panikattacken, die Depressionen kennen und Sozialphobie und für die jeder Tag ein Kampf ist. Es wäre ein Hohn, wenn ich diesen Menschen sagen würde, dass ihr Glück von ihrer Einstellung abhängig ist.

Aber den anderen, denen, die gesund sind und immer etwas unzufrieden und unglücklich erscheinen, weil sie vielleicht der Job nervt, weil sie allein sind oder unglücklich in ihrer Beziehung, denen, die ihren Fernseher als zu klein empfinden und ihr Smartphone als veraltet, deren Urlaub nie lang genug sein kann, denen möchte ich schon ein wenig ins Gewissen reden. Kommt damit klar. Euer Leben ist voll von Glück und schönen Dingen. Strebt voller Leidenschaft nach mehr, aber vergesst nicht, was ihr bereits erreicht habt. Nehmt euch und eure Wünsche zurück und sucht das Glück, das bereits in eurem Leben vorhanden ist. Freut euch über den Garten, der im Frühling erwacht. Freut euch über einen netten Abend mit Freunden. Freut euch über eure Gesundheit. Freut euch des Lebens!

Ein wenig muss ich schmunzeln, während ich das alles schreibe, denn ich bin selbst eigentlich gar nicht so gut darin, das Leben zu genießen und das Glück an jeder Ecke zu sehen. Aber ich war auch schon sehr viel unzufriedener als heute. Ich fand meinen Job doof, hatte keine Zeit für mich, schlief schlecht. Und immer regnete es. Heute hingegen ist es zwar oft genug wolkig und, ja, manchmal regnet es auch, aber häufig scheint auch einfach nur die Sonne. Diese positive Entwicklung ist sicher auch ein Resultat meiner zahlreichen Aufenthalte im Kloster Arenberg. Denn die Damen in Weiß sind vorzügliche Lehrmeisterinnen der Zufriedenheit und der Dankbarkeit.

Ich erinnere mich noch sehr gut an einen Nachmittag im Klosterpark. Unweit von mir saßen zwei Schwestern am Rande des Teiches auf einer Bank. Beide sicherlich jenseits der 80. Sie genossen sichtlich die Frühlingssonne, schauten sehr achtsam auf die Knospen und Triebe der Pflanzen, freuten sich über die Vögel, und immer, wenn eine von ihnen etwas entdeckt hatte, zupfte sie ihre Mitschwester am Ärmel ihrer Ordenstracht und zeigte ihr die neue Entdeckung. Dieses andächtige Bestaunen der Natur zog sich eine ganze Weile hin, es dauerte vielleicht eine Stunde, in der die beiden Damen völlig versunken und achtsam im Hier und Jetzt schwelgten und ihr Dasein inmitten dieser spannenden Natur genossen. Sie waren glücklich.

An diese beiden erinnere ich mich immer, wenn ich mich wieder einmal unzufrieden und mit der Welt im Unreinen fühle. Wenn mein Auto in die Werkstatt muss, wenn ein Text partout nicht fertig werden will oder wenn ich schon wieder nicht im Lotto gewinne. Und schon sieht die Welt wieder ein klein wenig heller aus. Diese beiden alten Schwestern sind eines der wirklich großen Geschenke, die mir das Kloster Arenberg gemacht hat. Da habe ich Glück gehabt.

● ○

Ich bin ein glücklicher Mensch. Ich liebe mein Leben, bin eingebunden in eine lebendige Gemeinschaft von Schwestern, ich erfahre viel Liebe, habe eine wunderbare, große Familie, einige richtig gute Freunde und darf immer wieder inspirierende Menschen kennenlernen. Ich arbeite in einem großartigen Team an einem Ort, der für viele Menschen Sehnsuchtsort ist, und erlebe meine tägliche Arbeit als sinnstiftend. Ich habe Zeit zum Beten und Meditieren, bin gesund, kann weinen und lachen (manchmal auch beides zugleich), habe ein Dach über dem Kopf und täglich genug zu essen. Was soll ich sagen? Es geht mir leiblich und seelisch gut, und zwar richtig!

Das Verrückte ist: Lange Jahre stellte mein persönliches Glück für mich eher ein Problem dar, als wirklich Grund zur Freude zu sein. In meiner Kindheit konnte ich es noch unbeschwert genießen, doch das änderte sich, als ich mit zunehmendem Alter immer mehr Menschen kennenlernte, denen vieles von dem verwehrt geblieben war, was für mich so selbstverständlich zum Leben dazugehörte. Diese Wirklichkeit machte mir von Jugend an zu schaffen, und die Frage „Warum ist ausgerechnet mir all das geschenkt?"

lastete mir zunehmend auf der Seele. Doch was sollte ich tun gegen diese Ungerechtigkeit, wie etwas an den gegebenen Tatsachen ändern?

Ein liebevoller Tritt in den Hintern befreite mich vor einigen Jahren aus dieser unfruchtbaren Grübelei. Es war kurz vor meiner ersten Profess, im März 2009. In der Stille bereitete ich mich auf den großen Tag meiner Bindung an die Gemeinschaft vor. Meine unbändige Freude wurde allerdings getrübt durch die schwere Krebserkrankung unserer damaligen Generalpriorin Sr. Emanuela. Sie hatte sich fest vorgenommen, ihre letzten Kräfte zu bündeln, um mir die Profess abzunehmen, doch wenige Tage vorher zeigte sich bereits, dass ihre höllischen Schmerzen und ihr schlechter Allgemeinzustand uns beiden einen Strich durch die Rechnung machen würden. Am Tag vor dem Fest durfte ich sie besuchen und erwartete beim Öffnen der Tür zu ihrem Krankenzimmer, einem gebrochenen Menschen zu begegnen, doch genau das Gegenteil war der Fall. In ihrer Bewegungsfreiheit durch die Schmerzen und diverse Verkabelungen extrem eingeschränkt, begrüßte sie mich mit: „Jetzt müssen Sie mir mal sagen, wie wir das geschickt anstellen können, uns zu umarmen." Zu unser beider Erheiterung schafften wir es ohne Unfall, doch während ich noch lächelte, spürte ich bereits einen dicken Kloß im Hals. Da war sie wieder, die alte Frage, und das mit ungeahnter Wucht: „Können Sie mir vielleicht sagen, warum ich so glücklich sein darf, während Sie und so viele andere Menschen auf dieser Welt derart leiden müssen?", brach es wütend aus mir heraus. Sr. Emanuela sah mich an, nahm liebevoll meine Hände und antwortete: „Wir beide, wir versprechen uns jetzt gegenseitig etwas: Ich frage nicht, warum mich diese Krankheit getroffen hat, und Sie fragen nicht, warum Sie so glücklich sein dürfen, o.k.? Was immer unser Herz erfüllt, geben wir es hin, lassen wir es leben und machen wir es fruchtbar für das Reich Gottes – das ist die einzig richtige Antwort, die wir mit unserem Leben geben können." Wenige Wochen später wurde Sr. Emanuela von ihren Qualen erlöst ...

Für mich wurde dieses Gespräch zu einem wichtigen Schlüssel im Umgang mit dem, was mir im Leben geschenkt ist. Ich habe gelernt, nicht mehr darüber nachzugrübeln, sondern dafür zu danken, mich nicht dafür zu schämen, sondern es in die Welt hineinzutragen. Auch wenn insbesondere die Werbung nicht müde wird, uns etwas anderes vorzugaukeln: Glück zu empfinden ist letztlich eine Gabe, über die wir nicht einfach verfügen können. Es sind weniger die äußeren Umstände, die uns glücklich oder unglücklich machen – dagegen sprechen zahlreiche beeindruckende Zeugnisse von Menschen, die selbst unter widrigsten Lebensbedingungen tiefes Glück erfahren haben. Alles entscheidend ist die Art und Weise, mit der wir uns liebend einlassen auf das, was uns gegeben und aufgetragen ist – auch wenn wir mögliche schwere Rahmenbedingungen dessen nicht zu ändern vermögen.

Vorerst lasse ich also die Frage nach dem „Warum" ruhen, bin aber schon jetzt gespannt darauf, wie sie dereinst einmal von Ihm selbst, dem Grund meiner Freude, beantwortet werden wird.

EITELKEIT

Mit der Eitelkeit, also der übertriebenen Aufmerksamkeit gegenüber dem eigenen Ego oder dem eigenen Körper, hat die katholische Kirche ein echtes Problem, denn die Eitelkeit wird immerhin als eine der sieben Haupt- oder Wurzelsünden genannt. Eitel zu sein schickt sich für einen Katholiken nicht und vielleicht kann ich endlich einmal jubeln und mich auf der Seite der guten Christen wähnen. Denn: Ich bin tatsächlich ziemlich uneitel, zumindest wenn es um meine Kleidung, den Haarschnitt oder die Länge meines Bartes geht. Das alles sind für mich lediglich Äußerlichkeiten, die rein gar nichts über mich, meinen Charakter, meine Träume oder Wünsche aussagen. Nein, Kleider machen keine Leute – Kleider machen Rollen.

Ich trage Socken mit Löchern, zerschlissene T-Shirts, abgewetzte Jeanshosen, verfusselte Pullover, ausgetretene Schuhe und meist ist alles davon auch noch mit Katzenhaaren versehen. Hätte ich keine Ehefrau, die mir hin und wieder ins Gewissen redet, sähe das alles noch viel schlimmer aus. Aber irgendwie mache ich mir nichts aus schöner oder sogar teurer Kleidung. Sie soll im Winter warm sein, denn ich bin eine Frostbeule. Im Sommer renne ich in Garten und Haus sowieso meist mit nacktem Oberkörper herum, da reichen ein paar einfache T-Shirts, die ich dann mindestens fünf Jahre trage, bevor die Ehefrau ein wirksames Veto einlegen kann. Wenn es um Kleidung geht, könnte ich durchaus ein ganzes Stück mehr auf mich achten, und ich liefe noch immer nicht Gefahr, als eitel zu gelten.

Es gibt jedoch Bereiche, in denen auch ich Wert auf meine Außenwirkung lege. Mein kompletter Rücken ist tätowiert, der rechte Arm und das rechte Bein ebenso. Übrigens: Ja, es tut weh. Und so etwas macht man natürlich nicht nur für sich selbst, sondern immer auch der anderen Menschen wegen. Um sich abzugrenzen, um seine Individualität zu unterstreichen, manchmal auch, um zu provozieren oder um eine krasse Erfahrung zu machen, die andere Menschen nie erleben werden. Aber ist das schon Eitelkeit? Oder war ich in den 1990er-Jahren eitel, als ich schwarz gekleidet, mit toupierten Haaren, Babypuder im Gesicht und kreuzbehangen über Friedhöfe und durch die dunklen Klubs der Grufti-Szene schritt? Immer umhüllt vom moderigen Duft des Patschuliöls? Bin ich eitel, wenn ich heute manchmal stolz davon erzähle, Bücher zu schreiben, Gedichte von Charles Baudelaire rezitieren zu können und schon einmal in einer Quiz-Show im TV gewesen zu sein? Macht mich das zu einem Sünder?

Wie so oft im Leben ist die Grenze zwischen „normal" und „übertrieben" sicher fließend und die Maßstäbe sind so individuell, wie die Menschen es sind. Ich möchte mir nicht anmaßen zu entscheiden, wann ein Mensch so eitel ist, dass er eine Sünde begeht. Diesbezüglich tut mir die Amtskirche fast ein wenig leid. Da hat sie schon so knackige Instrumente mit tollen Namen wie „Wurzelsünde", und dann sind diese teilweise so schwammig formuliert, dass sie alles und nichts bedeuten können.

Googelt man nach der Frage „Wann ist Eitelkeit eine Sünde?", bekommt man zwar jede Menge Ergebnisse aufgelistet, echt verwertbare Antworten erhält man jedoch nicht. Sie reichen von Wikipedia-Einträgen über Buchinhalte bis hin zu arg konservativ-christlichen Internetseiten, deren Betreiber die Welt scheinbar am liebsten zurück ins Mittelalter katapultieren würden, denn sie erklären bereits den Gebrauch eines Lippenstiftes zur Sünde.

Andererseits sind diese schwammigen Formulierungen und das individuelle Auslegen von Verboten ja gerade die Stärke des Christentums. Da gibt es eben nicht das absolut Richtige und das absolut Falsche. Keine einzige, alleinige Wahrheit. Vieles muss immer wieder neu diskutiert, definiert und an die Lebenswirklichkeit sowie an die individuellen Umstände des Einzelnen angepasst werden. Eine Ordensschwester in schwarzen Prada-Pumps? Wahrscheinlich eitel, wahrscheinlich sündig. Eine Dame des oberen Managements in schwarzen Prada-Pumps? Wahrscheinlich eher Arbeitskleidung als Ausdruck einer übertriebenen Aufmerksamkeit gegenüber dem Äußeren.

Leider neige ich dazu, meine eigenen Maßstäbe auch bei anderen Menschen anzulegen und sie für Dinge zu verurteilen, weil ich sie für mich selbst ablehne. Ich finde es zum Beispiel albern, wenn Männer ihre beginnenden Halbglatzen mit allerlei chemischen Mitteln zu bekämpfen versuchen. Ich stecke Menschen, die Camp David-Kleidung tragen, direkt in die Schublade „prollige Schnösel". Ganz zu schweigen von all den mimikfreien Botoxgesichtern der High Society-Stars und -Sternchen. Fürchterlich! Das alles empfinde ich als unglaublich eitel, betrachte das als vollkommen übertriebene Aufmerksamkeit dem eigenen Körper gegenüber und ganz häufig auch als Zeichen eines mangelnden Selbstbewusstseins, der Unzufriedenheit mit dem eigenen Ich.

Diese Urteile stehen mir natürlich überhaupt nicht zu. Mehr noch: Sie verdeutlichen lediglich meine eigene Eitelkeit. Und ich stelle mich damit über Menschen, die ich überhaupt nicht kenne und über deren Motive ich überhaupt nichts weiß.

Ich bin wohl eitler, als es auf den ersten Blick scheinen mag, und vielleicht sogar mehr als ich mir eingestehe. Schade, dann wird es wohl wieder nichts mit dem „guten Christen".

● ○

„Dürfen Ordensfrauen eigentlich eitel sein?", fragte mich vor einiger Zeit eine Journalistin, die mit mir ein Interview zum Thema Schönheit führte. „Ob wir es dürfen oder nicht, wir sind es!", gab ich ihr zur Antwort. Ja, Eitelkeit ist in unserer Schwesterngemeinschaft ein Thema, auch wenn es tatsächlich nur selten zum

Thema gemacht wird. Ich persönlich kann nur offen zugeben: Ich BIN eitel, ob das nun zu einer Ordensfrau passt oder nicht. Es ist mir weder egal, wie ich gekleidet bin, noch ist mir vollkommen gleichgültig, was andere Menschen von mir denken, und ja, auch mit meinen frühzeitig ergrauten Schläfen habe ich noch nicht wirklich Frieden geschlossen. Ja, ich bin definitiv eitel, aber ich gestehe: Am liebsten wäre ich es nicht.

Eitelkeit macht unfrei und befangen. Unfrei, weil ich mich abhängig mache vom Urteil anderer, und befangen, weil ich mir als eitler Mensch deutlich zu viele Gedanken darum mache, wie ich von anderen wahrgenommen werde, und so in mir gefangen bleibe, statt mich wirklich öffnen zu können. Eitel zu sein bedeutet für mich auch, den tragfähigen Boden meiner bedingungslosen Annahme von Gott zu verlassen und mich auf das brüchige Parkett einer Welt zu begeben, in der der Schein deutlich mehr zählt als das Sein. Ich meine, etwas darstellen zu müssen, statt mich an meinem „So-Sein" zu freuen. Die Gefahr ist groß, dass die Eitelkeit dazu führt, nur die Anteile meiner Persönlichkeit zu leben und gelten zu lassen, die ich als vorzeigbar empfinde. Sobald dies jedoch geschieht, würdige ich mich nicht nur selbst herab, sondern enthalte auch meiner Umwelt möglicherweise das Kostbarste vor.

„Eitelkeit reckt ihr lächerliches Köpfchen empor und reicht dir den Narrenspiegel. Einen Augenblick lang lächelt der Histrione und zieht dir die Miene zurecht für die Rolle. Einen Augenblick nur – aber einen zu viel. In solchen Stunden lädst du die Niederlage ein und verrätst den, dem du dienst", so schrieb der große Dag Hammarskjöld an Weihnachten 1956 in sein Tagebuch. Worte, die mich betroffen und nachdenklich machen. Nicht nur, weil der Verrat an unserem Schöpfer im Raum steht, wenn ich meine, nach außen

ein Bild von mir bedienen zu müssen, sondern auch, weil ich mich letztlich meiner selbst beraube. Nicht ohne Grund wurde der Begriff der Eitelkeit in früheren Jahren auch für Vergänglichkeit, Nichtigkeit und Leere verwendet.

Natürlich kommt da unweigerlich die Frage auf: Ist Eitelkeit „heilbar"? Es hört sich vielleicht etwas paradox an, aber mir persönlich hilft ausgerechnet der Blick auf Schönheit: Die unverdorbene Schönheit eines neugeborenen Kindes, die herbe Schönheit alter Menschen, die anmutige Schönheit eines Gänseblümchens, die schroffe Schönheit einer Berglandschaft. Berührt von dieser echten, ursprünglichen Schönheit erscheinen mir alle Formen von eitlen Selbstdarstellungsversuchen wie das Licht einer Neonröhre im Vergleich zum milden Licht der Frühlingssonne. „Sind wir denn nie schön genug?"[2], fragt Lina Maly in einem ihrer Lieder. Doch. Wir sind es. Und zwar schöner, als wir es uns ausmalen können.

ERFOLG

Es ist spannend. Ausgerechnet zu diesem Text, einem Text über den Erfolg, musste ich viele, viele Anläufe nehmen, bis ich ihn endlich schreiben konnte. Immer wieder öffnete ich das – bis auf die Überschrift „Erfolg" – leere Dokument und wollte loslegen. Mal lenkte mich ein Telefonat ab, mal rauschte eine E-Mail mit einem dringenden Auftrag herein. Und dann war da ja auch noch das Wetter. Das war oft einfach viel zu schön und ich musste in den Garten. Die übrige Zeit saß ich einfach vor dem Bildschirm und mir wollte partout kein passender Texteinstieg einfallen. Dass Sie, liebe Leserin und lieber Leser, diesen Text nun vorfinden, ist also schon einmal ein Erfolg.

Sich ein persönliches Ziel zu setzen und es zu erreichen – unter Mühen und Anstrengungen zu erreichen –, darum geht es beim Erfolg. Wer im Rahmen seiner individuellen Möglichkeiten über sich selbst hinauswächst, der ist erfolgreich. Doch leider wird Erfolg von großen Teilen der Gesellschaft noch immer an der Höhe des monatlichen Einkommens gemessen. Erfolgreich ist, wer einen guten Job macht, und ein guter Job ist einer, der entsprechend honoriert ist. Eine Altenpflegerin, die Doppelschichten macht und sich liebevoll um ihre Patienten kümmert, wird nur sehr selten als erfolgreich bezeichnet – egal, wie viel Lächeln sie auf die Lippen ihrer Patienten zaubert. Ein Manager der Automobilindustrie mit einem sechsstelligen Jahreseinkommen gilt hingegen als erfolgreich. Auch wenn er sich nicht an Recht und Gesetz hält.

Wenn ich mein eigenes Leben betrachte und nach Erfolgen suche, dann stehe ich immer etwas hilflos da. Ich bin ein Meister darin, meine eigenen Erfolge kleinzureden und immer ein Haar in der Suppe zu finden. Okay, ich habe eine Reihe von literarischen Förderpreisen gewonnen, und als Stipendiat zu den Tagen der deutschsprachigen Literatur nach Klagenfurt eingeflogen zu werden, boostet das Ego schon auf ein höheres Level. Aber solche Erfolge sind wankelmütige Huren. Ein paar Tage lang hat man das Gefühl, dass sich alles um die eigene Person dreht und einem die ganze Welt offensteht. Doch nur wenige Wochen später steht man wieder allein mit seinen Worten und Texten da und das großartige Gefühl von Anerkennung verblasst. Solche Erfolge sind vergänglich. Sie sind nicht mehr als kurze Momentaufnahmen.

Mit Stolz blicke ich eher auf ganz andere Situationen in meinem Leben zurück. Da gab es diese Holzterrasse, die ich in unserem ehemaligen Kleingarten baute. Vier mal fünf Meter, Douglasie. Sie gelang mir so gut, dass ich ausnahmsweise mal nichts an meiner Leistung zu nörgeln hatte. Und auch Jahre später konnte ich noch zufrieden darauf sitzen und den Garten betrachten. Das war ein Erfolg für mich. Von heute auf morgen meinen Job als Redakteur in einer PR-Agentur zu schmeißen, mich dem krank machenden Druck zu entziehen und mein Heil in der Freiberuflichkeit zu suchen, das war ein Erfolg. Die Traurigkeit und Angst in mir zu verstehen und sie anzunehmen. Zu akzeptieren, dass ich der Mensch bin, der ich bin: ein großer Erfolg. All dies hat mich nicht monetär, sondern emotional bereichert. Erfolgreich zu sein bedeutet oft einfach: weiterzumachen. Wieder aufzustehen. Eine Niederlage zu akzeptieren, ohne daran zu zerbrechen. Das sind oft die größten Erfolge, die man in seinem Leben erzielen kann. Und die sind für die Allgemeinheit eben nicht so einfach zu erkennen wie große Autos, ein gut gefülltes Bankkonto oder der Zweitwohnsitz auf Sylt.

In diesem Zusammenhang ist es schon fast skurril, dass so viele Best-of-Alben von Musikern den Titel „Die größten Erfolge" tragen. Ich lehne mich jetzt einfach mal aus dem Fenster und wage zu behaupten, dass „Griechischer Wein", „Siebzehn Jahr, blondes Haar" und „Merci, Chérie" zweifellos großartige Songs sind, aber wahrscheinlich nicht die wirklich größten Erfolge von Udo Jürgens darstellen. Vielleicht hätte er auf die Frage nach seinen größten Erfolgen ganz andere Dinge benannt. Etwa: so viele Menschen mit seiner Musik erreicht zu haben. Das Klavierspiel autodidaktisch erlernt zu haben. Oder vielleicht einfach nur ein Standing erlangt zu haben, das es erlaubt, im Bademantel in der Öffentlichkeit aufzutreten. Und auf diesen Bademantel-Erfolg bin ich schon ein wenig neidisch.

Es gibt so viele Menschen, die reich an Erfolgen sind, ohne dass sie finanziell reich wären. Allein all die ehrenamtlich tätigen Menschen, die sich um Obdachlose, Geflüchtete und Menschen in Not kümmern und dadurch so viel Gutes tun. Und all die anderen, die erfolgreich im Beruf sind, ohne auf der Karriereleiter ganz oben zu stehen. Und noch mehr diejenigen, die täglich mit Erfolg gegen ihre Dämonen kämpfen und Respekt verdienen. Es gibt so viele Menschen, die ihre Erfolge gar nicht bemerken, weil Geld und Aufmerksamkeit die vorherrschenden Währungen sind. Das zu ändern und Menschen zu befähigen, sich selbst und ihr Tun wertzuschätzen, das wäre ein großer Erfolg.

● ○

Mein Abitur war ein voller Erfolg. Ich werde nie diese Mischung aus Freude, Unbeschwertheit und einer gehörigen Portion Stolz vergessen, die mich 1994 einen ganzen Sommer lang beflügelte. Mit Abitur und Führerschein in der Tasche fühlte ich mich wie die Königin der Welt und wollte gar nicht mehr aufhören, das Leben zu feiern. Diese emotionalen Höhenflüge fanden allerdings augenblicklich ein jähes Ende, als ich im Oktober als frischgebackene Pharmaziestudentin in meiner ersten Chemie-Vorlesung saß und feststellen musste, dass der mühsam angeeignete Abiturstoff in zwanzig Minuten abgehandelt war, bevor der Professor sich in böhmische Dörfer verabschiedete.

Wenige Jahre später gab es dann zwar auch an der Universität wieder Erfolge zu feiern, aber nie wieder erlebte ich einen derartigen inneren Rauschzustand wie nach dem Abitur. Erleichterung und Dankbarkeit über die bestandenen – ungleich schwereren – Prüfungen waren wohl auch später da, aber dennoch verhalten.

Erfolge bekamen für mich mehr und mehr einen faden Nachgeschmack, der oft mit einem Gefühl der inneren Leere verbunden war.

Vielleicht verhält es sich mit Erfolgen ähnlich wie mit Geld – es ist nett und angenehm, wenn man genug davon besitzt, nicht mehr und nicht weniger. Sowohl Erfolge als auch Geld beinhalten ein gewisses Suchtpotenzial, verschaffen uns oberflächliche Befriedigung, ohne uns aber gleichzeitig in der Tiefe unseres Herzens nähren zu können. Ich wage zu behaupten, dass es sogar zu den größten Versuchungen zählt, Erfolgen, aber auch Misserfolgen eine Macht zu geben, die ihnen schlichtweg nicht gebührt. Natürlich kann Erfolglosigkeit auf Dauer zermürbend und kräftezehrend sein, aber es ist eine ebenso große innere Herausforderung, dass wir uns nicht über unsere Erfolge definieren, wenn es in unserem Leben gerade rundläuft. Sobald wir unseren Wert als Mensch aus Erfolgen ermessen, haben wir das Wesentliche unseres Daseins aus dem Auge verloren. Unser Leben gerät unweigerlich in eine grausame Schieflage, die sogar so weit führen kann, dass wir uns selbst die Daseinsberechtigung absprechen, sobald vorzeigbare Erfolge ausbleiben. Eines steht fest: Unsere Seele braucht in ihrer Tiefe ein festes Fundament, um den oberflächlichen Bewegungen von Erfolg und Misserfolg trotzen zu können.

Im Lukasevangelium findet sich eine Stelle, aus der wir herauslesen können, was in Wahrheit von tieferer Bedeutung ist als großartige Erfolgsgeschichten. Dort wird berichtet, dass Jesus siebzig Jünger an die Orte sendet, in die er selbst gehen wollte. Er sendet sie aus in seinem Namen, wie Schafe unter die Wölfe. Zu zweit sollen sie sich auf den Weg machen, barfuß, ohne Geldbeutel und Vorratstasche; sie sollen losziehen, um den Menschen den Frieden Gottes zu bringen, das nahende Gottesreich zu verkünden und zu heilen. Und siehe da, was zunächst wie eine verwegene, schwärmerische Mission scheint, wird zu einem sensationellen Triumph. Voller Freude und Begeisterung kehren die Siebzig wenig später zu Jesus zurück und berichten ihm nicht ohne Stolz, dass ihnen sogar die Dämonen in seinem Namen untertan sind. Jesus redet ihren Erfolg nicht klein – ganz im Gegenteil –, aber er macht sie liebevoll darauf aufmerksam, dass ihr tatsächlicher Anlass zur Freude ein anderer ist: *„Freut euch nicht darüber, dass euch die Geister gehorchen, sondern freut euch darüber, dass eure Namen im Himmel verzeichnet sind!"*[3] Er sagt es ihnen auf dem Zenit ihres Erfolges, nicht um ihnen die Freude zu verderben, sondern um ihnen den unerschütterlichen Grund ihres Lebens zu offenbaren. Dass dies mehr als bloßes Geschwätz ist, hat er selbst durch seinen Tod und seine Auferstehung besiegelt: Sein gnadenloses Scheitern am Kreuz mündet in den Triumph, in die Vollendung. Die eigentliche „Leistung" Jesu besteht dabei nicht in seinem Tun oder Lassen, sondern darin, dass er sein Leben in äußerster innerer Freiheit hingibt, weil er weiß, dass er ganz in der Liebe des Vaters geborgen ist. Und am Ende dieser Katastrophe steht nicht etwa die Vernichtung, sondern seine Verherrlichung.

Mir kommt ein kurzes Gebet von Dom Helder Camara in den Sinn: *„Welch großer Trost, Herr, zu wissen, dass du keine Erfolge forderst, keine Erträge eintreibst. Aber du verlangst, dass wir uns nicht schonen, dass wir unser Bestes geben, ohne Überheblichkeit, ohne Eitelkeit, ohne Stolz, die alles zunichtemachen. Vielleicht zählt für dich in unserem Leben vor allem der Wunsch, froh, gelassen, glücklich zu dir zu gelangen ohne den Ruhm des Siegers."*[4]

Dazu sage ich nur: Amen.

FREIHEIT

Auch wenn mein Lebenswandel in jenen Tagen nicht uneingeschränkt empfehlenswert war: Freiheit fühlte sich für mich nie wieder so echt, so greifbar und so real an wie in den Monaten kurz vor und nach dem Abitur. Zwischen dem Einberufungsbescheid und den durchtanzten Nächten in dunklen Klubs war alles möglich. In den Partykellern gab es hinter kiffenden Mitschülern und Dosenbierpaletten immer eine Fototapete mit nichts als himmelblauer Weite.

Diese kleine Pause, die das Ende der Schulzeit und den Beginn von etwas Neuem trennte, fühlte sich an wie ein Universum von Wegen, die man einschlagen konnte. Die Welt erschien mir groß.

Für mich war Freiheit damals keine philosophische Idee. Es ging mir nicht um Diktaturen, Freiheitskampf und Politik. Freiheit war zuallererst ein egoistisches Erleben: Das erste Auto, mit dem man wegfahren konnte. Wohin war egal, weg war wichtig. Die Discobesuche in der Woche bis morgens um fünf. Und die eigene Unterschrift unter dem Fehlstundennachweis am Tag danach. Das alles war Freiheit.

Natürlich ahnte ich, dass dieses Gefühl nicht ewig anhalten würde. Aber es kümmerte mich nicht. Der einzelne Atemzug – im Hier und Jetzt –, der war wichtig.

Diese Zwischenzeit endete schnell. Als die ersten Schulfreunde ihre Ausbildung begannen, wurde die Zeit des Nichtstuns schon bald eine Zeit der Langeweile. Ich hatte keine Verpflichtungen, konnte machen, was ich machen wollte. Aber der Kreis der Menschen, mit denen ich diese Freiheit erleben durfte, wurde von Woche zu Woche kleiner. Als ich endlich meinen Zivildienst antreten konnte, war ich froh, wieder etwas Struktur in meinem Leben zu haben.

Nach dem Zivildienst folgte eine Ausbildung zum Tischler, während der ich mich alles andere als frei fühlte. Und objektiv gesehen war ich es wohl auch nicht, denn wäre ich frei gewesen, hätte ich spätestens nach einem halben Jahr meine Sachen gepackt und mich aus dieser Mobbinghölle verabschiedet. Aber ich biss mich durch jeden einzelnen Tag, durch jede Woche, jeden Monat. Als ich mit dem Gesellenbrief in der Hand vom Hof der Tischlerei fuhr, schwor ich mir, diesen Ort nie wieder zu betreten. Für einen Moment war ich wieder leicht und frei. Und ich merkte, dass Freiheit auch immer die Abwesenheit von schlechten Menschen bedeutet.

Dann kam die Unizeit und ich zog ins Studentenwohnheim. „Alles kann, nichts muss" war die Devise. Ich konnte zu Vorlesungen gehen, musste es aber nicht. Ich konnte auf WG-Partys gehen, auf Wohnheimpartys, auf Fachschaftspartys und Uni-Partys. Auch das musste ich sicherlich nicht, ich tat es aber trotzdem. Nachts arbeitete ich in einer Disco, um mein Leben zu finanzieren. Dabei blieb natürlich das Lernpensum auf der Strecke. Auch diese Jahre waren im Nachhinein betrachtet bestimmt nicht nachahmenswert. Dass das alles nicht gut gehen konnte, war mir bereits damals klar. Aber ich nahm mir die Freiheit, Entscheidungen zu treffen, die objektiv betrachtet eben nicht gut waren.

Zwischen den Tagen an der Uni und den Nächten in der Disco begann ich zu schreiben. Kurzgeschichten, Gedichte, so etwas halt. Und ich begann das, was ich schrieb, in die Öffentlichkeit zu bringen, nahm an Wettbewerben teil und hatte ein paar kleine Erfolge. Ich schrieb mehr, arbeitete mehr und ging gar nicht mehr zur Uni. Irgendwann begrub ich die Vorstellung, Architekt zu werden, und exmatrikulierte mich an der einen Uni, um mich ein paar Tage später an einer anderen Uni für ein anderes Studium einzuschreiben. Eines, bei dem jeder immer fragte, was das denn genau sei. Und was man damit machen könne.

Während dieser Zeit lernte ich eine weitere Art der Freiheit kennen: Ich war Kandidat in einer Quiz-Show im Fernsehen, hatte ein wenig Glück und erspielte einen Geldbetrag, für den ich heute vielleicht ein halbes Jahr arbeiten müsste, der mir damals aber unglaublich gewaltig vorkam. Geld war auf einmal nicht mehr so wichtig, denn es war einfach da. Und zwar auf meinem Konto. Und Geld wird immer nur dann wichtig, wenn es fehlt. Ich zog aus dem Studentenwohnheim in eine kleine Wohnung im schlimmsten Viertel der Stadt, und wieder dachte ich, dass dieser Schritt mich ein Stück weiter in Richtung Freiheit führen würde.

Dann lernte ich die Frau kennen, die ich ein paar Jahre später heiraten würde. Ich stand hinterm Tresen, sie davor. Klassisch-kitschig. Nach einem Jahr zogen wir zusammen, weil es uns zueinanderzog. Jeder von uns beiden verließ seine vier Wände, um in gemeinsamen Wänden neu zu beginnen.

War die Heirat schließlich die Aufgabe von Freiheit? So, wie viele überzeugte Singles es gern darstellen? Für mich nicht. Mit dieser Frau nicht. Das wollte ich genau so. Und das will ich immer noch. Es war ähnlich wie nach dem Abi. Alleine macht die Freiheit keinen Spaß. Wenn man allein ist, erreicht die Summe der Möglichkeiten das Stadium der Beliebigkeit und die Freiheit wird schwer wie Blei an den Füßen.

Einmal noch kämpfte ich mit der Freiheit, da ging es um meine berufliche Zukunft. Und ich entschied mich gegen die

Freiheit. Das war 2009. Ich gewann mehrere Förderpreise und wurde als Stipendiat nach Klagenfurt eingeladen – ungefähr das Größte, was man als Nachwuchsautor erreichen kann. Ich hätte alles auf eine Karte setzen müssen, meinen Job in der Disco an den Nagel hängen und schreiben können. Ein gutes Buch. Ein wichtiges Buch. Aber was ich machte, war genau das Gegenteil: Ich schmiss auch mein zweites Studium und begann ein Volontariat zum Redakteur. Ein Vollzeitjob, der mir auf Jahre hinweg die Energie raubte, literarisch zu schreiben. Ich hatte die Sicherheit des Alltags gewählt, mit festem Einkommen, nicht die Freiheit eines Schriftstellers. Vielleicht, weil ich mit zu viel Freiheit einfach nicht besonders gut klarkomme.

Auch heute hadere ich noch manchmal mit dieser Entscheidung. Nicht oft. Aber immer mal wieder. Ich lebe damit.

Seit dem Abi sind 20 Jahre vergangen und ich habe gelernt, dass man Freiheit ganz unterschiedlich erfahren kann. Ich weiß, dass sie nicht immer etwas Positives mit sich bringt, dass sie manchmal nur ein ganz kurzes Durchatmen ist – kein dauerhaftes Glück. Sie ängstigt mich, aber ich bin mir sicher, dass die Freiheit, Entscheidungen zu treffen, das wertvollste Gut ist, das wir Menschen besitzen können. Ein Schatz, den wir viel zu oft viel zu leichtfertig aufgeben.

Aus Bequemlichkeit.

Der Karriere wegen.

Aus Angst vor Enttäuschungen.

Weil wir vernünftig sein wollen oder weil man etwas einfach nicht macht.

Aber das ist Quatsch. Wenn wir wollen, können wir fast alles tun. In diesem Land können wir anziehen, was wir wollen, wir können uns die Haare blau färben, wenn wir wollen, wir können die schrecklichen Pralinen, die uns Tante Frieda zu jedem Geburtstag schenkt, ablehnen. Wir können unser Konsumverhalten hinterfragen. Ändern. Wir sind frei, der Werbung zu widersprechen, die uns weismachen will, dass wir wieder ein neues Mobiltelefon brauchen. Wir können unsere ungeliebten Jobs kündigen und unseren Chefs mal die Meinung sagen. Wir können eine Partei gründen, um endlich die Politik zu machen, die wir in diesem Land vermissen. Wenn wir nur wollen.

Wir können so sein wie wir sind. Wenn wir wollen. Und ich glaube, dass Gott es ganz toll fände, uns so zu sehen, wie wir wirklich sind.

● ○

„Wie kannst du dich nur selbst derart deiner Freiheit berauben?", fragte mein Vater völlig verständnislos, als ich meinen Eltern offenbarte, dass ich mit dem Gedanken spiele, in eine Ordensgemeinschaft einzutreten. – „Wenn du im Kloster nicht frei wirst, dann musst du gehen", sagte dagegen meine Novizenmeisterin, als ich dann einige Zeit später den Sprung ins Kloster gewagt hatte. Zwei scheinbar völlig konträre Aussagen, die jedoch nur zwei unterschiedliche Seiten der gleichen Medaille wiedergeben. Ja, auf der einen Seite scheint es tatsächlich so, als lasse unser relativ streng geregeltes Leben im Kloster uns kaum Freiräume. Es ist mir vorgegeben, was ich anziehe, wann ich spreche und wann ich schweige, wann ich bete und wann ich arbeite; wir Schwestern machen normalerweise keine großen Reisen und haben auch nur wenig persönliches Geld zur Verfügung. Und doch – ich würde lügen, wenn ich sagte, dass ich mich in diesem Setting auch nur einen einzigen Tag unfrei gefühlt hätte. Aber wie passt das zusammen?

Zunächst einmal: Der Schlüssel steckt bei uns immer innen. Ein vielleicht etwas banales, aber dennoch aussagekräftiges Bild. Ich habe diese Lebensform in Freiheit gewählt, weil sie mir auf dem Weg meiner Menschwerdung am meisten dient. Meine Novizenmeisterin hatte vollkommen recht, als sie mich direkt nach meinem Eintritt darauf aufmerksam machte, sorgfältig darauf zu achten, ob der klösterliche Alltag mit seiner festen Struktur mein Herz eng macht oder mir innerlich neue Freiheitsräume eröffnet werden. Denn letztlich geht es auf unserem Weg mit Gott in dieser Lebensform auch und vor allem darum, in eine immer größere Freiheit und Weite hineinzuwachsen.

Schon der heilige Apostel Paulus hat mit seinem Brief an die Galater eine regelrechte Ode an die Freiheit verfasst. „Ihr seid zur Freiheit berufen, Schwestern und Brüder"[5], schreibt er dort. Doch was genau bedeutet das, zur Freiheit berufen zu sein?

Wenn ich das Wort Freiheit höre, kommen mir – wie vielen anderen auch – zunächst unweigerlich Assoziationen wie: tun und lassen können, was ich will, mich unabhängig, grenzenlos und beliebig in dieser Welt bewegen, immer möglichst viele Eisen im Feuer haben. Und mal ehrlich, wer sehnt sich nicht ab und zu danach, auf diese Weise frei zu sein, wenn die Mühle des Alltags mal wieder auf Hochtouren läuft. So ist es auch kein Wunder, dass sich das emotionale Spiel mit dieser gefühlten Freiheit lohnt – freedom sells! Ob es sich um Werbung für Autos, Deodorants, Eistee, politische Parteien, Wohnmobile, Abführmittel, Mobilfunkverträge, Banken oder Duschgel handelt – immer wird suggeriert, dass die Wahl des entsprechenden Produktes uns in den Zustand maximaler Freiheit versetzt und wir nach dessen Erwerb ohne alle Kümmernisse vogelfrei durch diese Welt hüpfen.

Die Sache hat nur einen Haken: Zum einen gibt es da das Phänomen, dass in dieser Welt viele Menschen herumlaufen, denen äußerlich betrachtet vielleicht ein riesiger Aktionsradius gegeben ist, die aber innerlich gefangen sind in Verhaltensmustern, Zwängen und Angststörungen. Denn: Was bleibt denn von mir übrig, wenn ich meine Arbeitsstelle verliere? Wie stehe ich denn da, wenn ich dieses oder jenes wichtige Projekt vermassle? Und habe ich überhaupt noch eine Daseinsberechtigung, wenn ich nach einem Schlaganfall ans Bett gefesselt und auf Hilfe angewiesen bin?

Zum anderen gibt es aber leuchtende Zeugnisse von Menschen, die – gefangen in unzumutbaren äußeren Umständen – eine innere Freiheit entwickeln, die jedes Begreifen übersteigt. *„Es lebe die Freiheit!"* sind die letzten Worte des 24-jährigen Hans Scholl, als er am 22. Februar 1943 todesmutig zu seiner Hinrichtung schreitet. *„Das habe ich mit gefesselten Händen geschrieben: diese gefesselten Hände vermach ich Dir nicht; aber die Freiheit, die die Fesseln trägt und in ihnen sich selbst treu bleibt, die sei Dir schöner und zarter und geborgener geschenkt"*, schreibt der Jesuitenpater Alfred Delp am 23. Januar 1945 aus seiner Todeszelle an sein neugeborenes Patenkind Alfred Sebastian. Und von welcher inneren Freiheit muss Nelson Mandela beseelt gewesen sein, der 27 Jahre seines Lebens zu Unrecht im Gefängnis sitzt und dann, als ihm die Macht gegeben ist, komplett darauf verzichtet, sich an seinen Verfolgern zu rächen?

Gott hat uns frei geschaffen und dabei sogar dramatische „Nebenwirkungen" in Kauf genommen, die leider Tag für Tag die Nachrichten dominieren. Aber gerade diese existenzielle Freiheit macht das Wesen unseres Menschseins, ja, ich wage sogar zu behaupten, unsere Gottesebenbildlichkeit aus! Nur wer frei ist, kann auch wahrhaftig lieben – und umgekehrt lässt die wahre Liebe immer frei. Gott, die Liebe in Person, lässt uns nicht nur auf dem Papier freie Wahl. Er manipuliert uns nicht und er zwingt uns auch nicht in diese oder jene Form. Genau diese Wirklichkeit macht für mich auch das Bild eines strafenden Gottes im wahrsten Sinne des Wortes undenkbar: Was hätte das mit Liebe zu tun, wenn unser allmächtiger Schöpfer uns mit einer unverschämten Freiheit ausstattet, um dann aber gnadenlos zuzuschlagen, sobald wir es wagen, von dieser Freiheit Gebrauch zu machen? Oder was wäre das für ein Gott, der uns mit lebensgefährlichen Krankheiten prügelt, um uns dadurch wieder gefügig zu machen und in seine Arme zu treiben?

Umgekehrt: Dort, wo wir dem Geist Gottes in unserem Herzen mehr und mehr Raum geben, hören wir automatisch auf, irgendeinem Götzen zu dienen, der uns in Wahrheit doch nur versklavt. Ja, ein Zuwachs an innerer Freiheit und Weite ist für mich persönlich sogar wie eine Art Seismograf dafür, dass in einer Situation Gott im Spiel ist. So ist es für mich inzwischen zu einer täglichen geistlichen Übung geworden, genau darauf zu achten, wann und warum ich mich in irgendeiner Weise unfrei und beengt fühle, wann ich meine, keine Wahl zu haben. Muss ich wirklich direkt in Angriffsstellung gehen, wenn ich angefeindet werde, oder nehme ich mir die Freiheit, nicht zu reagieren? Muss ich wie alle anderen auch diese oder jene gängige Meinung vertreten, oder nehme ich mir die Freiheit, noch einmal neu zu denken? Muss ich wirklich eine Weltreise machen, um Erfahrungen zu sammeln, oder nehme ich mir die Freiheit, mich zu Hause auf die Reise nach innen zu machen? Muss ich in der Öffentlichkeit ein Bild von mir bedienen, oder nehme ich mir die Freiheit, mich so zu zeigen, wie ich bin? Muss ich wirklich alle negativen Gedanken und Gefühle sofort ausblenden, oder nehme ich mir die Freiheit, sie erst einmal da sein zu lassen und zu schauen, was sie mir sagen wollen? Muss ich jedem neuen Trend hinterherrennen, oder nehme ich mir die Freiheit, meinen eigenen Weg zu gehen?

Seien es auch die banalsten Alltagsangelegenheiten, ich reagiere sehr empfindlich, wenn ich den Eindruck gewinne, dass mir etwas oder jemand keine Wahl lassen will. Damit meine ich nicht die alltäglichen Verbindlichkeiten, auf die ich mich mit meiner Lebensform eingelassen habe, sondern die vielen kleinen Abhängigkeiten oder auch Reaktionsmuster, die sich im Laufe der Jahre zuweilen selbstständig machen. Ich fühle mich nicht unfrei, wenn ich jeden Morgen um 6.30 Uhr in der Laudes sitze, obwohl ich meistens sehr gerne länger schlafen würde. Ich fühle mich aber unfrei, wenn mein Herz unruhig wird, weil wieder einmal irgendein neues High-End-Smartphone auf den Markt geworfen wurde, was ich meine, haben zu müssen (das alte Laster meiner Technik-Affinität ließ sich leider auch mit meinem Ordenseintritt nicht ablegen). Und ich fühle mich auch unfrei, wenn es mir nicht gelingt, mit berechtigter oder auch unberechtigter Kritik erst mal gelassen umzugehen, und stattdessen meine, mich sofort rechtfertigen zu müssen. (Extrem unfrei fühle ich mich leider auch, wenn eine Chipstüte vor meiner Nase liegt und ich nicht in der Lage bin, sie dort unangetastet liegen zu lassen.)

Wann immer ich solche inneren Regungen im Alltag wahrnehme, versuche ich, damit ins Gebet zu gehen und mich in meiner Begrenztheit Gott hinzuhalten. Immer wieder, Tag für Tag, bitte ich ihn ausdrücklich darum, mich erkennen zu lassen, was mein Herz gefangen nimmt, und mich in der Tiefe meiner Seele von allem zu befreien, was nicht ins Leben führt. Und so hoffe ich, ein Leben lang immer tiefer in die mir ursprünglich geschenkte

Freiheit hineinzuwachsen, um so auch meine Berufung zum Menschsein ganz zu entfalten.

Wie hieß es einst so schön in einer Kaffee-Werbung? „Ich bin so frei!" – Stimmt.

ALLES BIO?

Schmelzende Polkappen, Waldsterben, steigende Meeresspiegel, Ozonlöcher so groß wie Nordamerika, Feinstaub, Mikroplastik, FCKW und Glyphosat.

Wir müssen etwas tun. Wir müssen unser Verhalten ändern. Wir müssen nachhaltiger leben, verantwortlicher mit den Ressourcen umgehen, fairer einkaufen, biologischer anbauen und klimaneutral konsumieren. Weil sonst hier auf der Erde nämlich alles den Bach runtergeht und wir unseren Kindern eine öde, lebensfeindliche Wüste hinterlassen. Apocalypse now!

Schuldig sind die Autofahrer, die Fleischesser, die KIK- und Primark-Käufer, die Pfennigfuchser, die Raucher, die RTL2-Gucker und die Flugreisen-Urlauber. Oder aber: die Dummen und die Ignoranten.

Sorry, aber da kann ich nicht mitgehen. Und ich will es auch gar nicht. Wer nimmt sich denn das Recht heraus, die Dummen und Ignoranten von den Klugen und Einsichtigen zu unterscheiden? Nach welchen Kriterien wird entschieden, ob etwas richtig oder falsch ist? Dieser fast schon religiöse Eifer, mit dem immer mehr Menschen versuchen, alles richtig zu machen, erschreckt mich. Ihr Tun wirkt häufig so verbissen, rechthaberisch und genussfeindlich, dass es mir wirklich schwerfällt, ihnen vorurteilsfrei gegenüberzutreten. Klar, ich weiß, es gibt ganz wundervolle vegane Gerichte, die superlecker sind, und Fahrradfahren ist toll für das Herz-Kreislauf-System, und wenn man erst einmal einen fair gehandelten Kaffee aus Guatemala getrunken hat, dann kann man nie wieder ein Starbucks betreten. Aber was soll ich sagen: Ich liebe Fleisch, ich hasse Radfahren und ich würde den Java-Chip-Chocolate-Cream-Frappuccino-bitte-in-tall-und-ich-heiße-Mirko noch häufiger trinken, wäre er nicht so verdammt teuer. Und trotzdem mache ich mir Gedanken über Nachhaltigkeit, vernünftige Tierhaltung und eine artenreiche Natur. Und ich tue etwas dafür. Das geht nämlich beides, weil das Leben sich in den allermeisten Fällen nicht einfach in Schwarz und Weiß unterteilen lässt. Dafür gibt es in diesem hochkomplexen System viel zu viele Stellschrauben.

Vor einigen Monaten führte ich eine kurze Unterhaltung, in der es um Autos ging. Ich bin ein großer Fan des Land Rover Defenders, diesem klassischen Geländewagen, den man aus zahlreichen Heinz-Sielmann-Expeditionsfilmen kennt. Ich fahre zwar keinen, wahrscheinlich würde ich ihn mir auch nie kaufen, aber ich mag das Konzept dieses Fahrzeugs: ein Auto wie ein Traktor. Groß, langsam, bullig, unbequem und mit einem nicht mehr zeitgemäßen Kraftstoffverbrauch. Und natürlich kam sofort der Einwand meines Gegenübers, dass so ein Auto eine echte Umweltsauerei sei. Das erscheint natürlich zunächst auch vollkommen logisch, aber ist es das auch? Der Defender ist eines der langlebigsten Fahrzeuge, die jemals gebaut wurden. Von den rund 2 Millionen Wagen, die seit Ende der 1940er-Jahre hergestellt wurden, sollen noch rund 2/3 in Betrieb sein. Ein Auto fürs Leben also. Und was ist jetzt besser? Ein Wagen, der 20 oder 30 Jahre lang genutzt werden kann, dafür aber viel Sprit verbraucht? Oder zwei bis drei moderne City-Flitzer, die zwar weniger Sprit verbrauchen, aber nach zehn Jahren durch einen neuen Wagen ersetzt werden müssen? Doppelt und dreifach verbaute Rohstoffe. Doppelt und dreifach eingesetzte Energie bei der Produktion, doppelt und dreifacher Transport. Ich weiß es wirklich nicht, habe es nie durchgerechnet, kann es auch gar nicht, aber ich zweifle halt immer, wenn etwas zu offensichtlich und einfach daherkommt.

Noch absurder wird es beim Kauf von Äpfeln. Sollten die lieber biologisch angebaut aus Neuseeland kommen oder regional, aber konventionell produziert werden? Welche Klimabilanz ist günstiger? Es kann sein, dass ein Apfel aus Neuseeland eine bessere Klimabilanz hat als der regional und biologisch angebaute vom Bauern drei Dörfer weiter. Zum Beispiel im Winter, wenn der regionale Apfel über einen längeren Zeitraum in einem regionalen Kühlhaus gelagert wird. Da wird man doch verrückt bei! Ich zumindest. Aber die Profis haben wahrscheinlich irgendeine App auf ihrem von Kinderhänden zusammengebauten iPhone installiert, die ihnen genau anzeigt, welcher Apfel nun der klimagünstigste ist.

Ach, das klingt jetzt alles so böse und vielleicht sogar ein wenig ignorant. So, als läge mir die Natur nicht am Herzen. Aber das ist Quatsch. Ich liebe die Natur. Und tue das, was ich tun kann, um sie zu schützen. Was ich nicht mag, ist die dogmatische Trennung zwischen Richtig und Falsch: Bio, vegan und klimafreundlich sind richtig und gut, alles andere ist falsch und schlecht.

Und es wird immer einfacher, ein schlechter Mensch zu sein. Verneinen Sie doch zum Beispiel mal die Frage von Promotionteams, ob Sie etwas für den Tierschutz tun, also etwas spenden oder der jeweiligen Organisation beitreten wollen. Und tun Sie dies, ohne sich dafür zu rechtfertigen und Ihre Gründe zu nennen. Sie werden böse Blicke ernten und sind – zack – ein schlechter Mensch. Auf der falschen Seite des Grabens eben. Nach Ihren Gründen wird Sie niemand fragen, denn es gibt keine guten Gründe, sich nicht für den Tierschutz einzusetzen.

Diese sich verhärtenden Fronten ziehen sich inzwischen durch viele gesellschaftliche Bereiche. Man will nicht nur recht haben und das Richtige tun, man will und muss immer auch diejenigen bekehren, die das vermeintlich Falsche tun. Weil sonst ja der Meeresspiegel steigt und Tiere leiden müssen und das Ozonloch noch größer wird und wir uns in der Apokalypse wiederfinden. Und das kann schließlich niemand wollen.

Für mich ist das Kernthema der Demokratie, mit der eigenen Freiheit, dem eigenen Willen, klarzukommen und gleichzeitig die Freiheit des anderen und dessen Willen zu respektieren. Es gibt tausend gute Gründe, Bioprodukte zu kaufen, sich vegan zu ernähren und das Auto zu verdammen. Und es gibt ebenso viele Gründe, das Gemüse aus dem Discounter zu kaufen, Fleisch zu essen und selbst kurze Distanzen mit dem Auto zurückzulegen. Weil man z. B. arm ist. Weil man Gemüse nicht mag oder verträgt. Weil man schlecht laufen kann oder das Auto die einzige Verbindung zu einer Welt ist, vor der man sich fürchtet. Es gibt so viele unterschiedliche Gründe und Lebensarten, die gleichzeitig richtig und falsch sein können. Wer darüber richten will, erhöht sich über seine Mitmenschen.

„Alles, was sich regt und lebt, das sei eure Speise"[6], heißt es im Buch Mose. Darauf eine Currywurst.

Und nichts für ungut.

● ○

Immer wenn ich das Wort „Bio" höre oder das Bio-Siegel im Geschäft sehe, bekomme ich spontan ein schlechtes Gewissen. Ich denke an Tiere, die unter grauenhaften Bedingungen ihr Dasein fristen, nur damit wir täglich Fleisch auf den Tisch bekommen. Ich denke an verwüstete Landschaften, Bienensterben, Plastikmüll im Meer, Pestizide, Erderwärmung und Unwetter. Ich denke an die himmelschreiende Ungerechtigkeit in der Welt, daran, dass wir in der nördlichen Hemisphäre permanent auf Kosten derer leben, die nicht das Glück hatten, in unseren Breitengraden geboren zu werden. Ich höre „Bio", und mein Kopfkino liefert Filme, die mir heftige Bauchschmerzen bereiten. Warum?

Weil ich die Schöpfung liebe! Tag für Tag staune ich über die Wunder der Natur, ich liebe den Wechsel der Jahreszeiten, begrüße im Winter jede Schneeflocke und im Frühling jedes sich neu entfaltende Blättchen. Ich könnte verrückt werden vor Begeisterung über einen blühenden Apfelbaum und kann mich nicht sattsehen an der Färbung der Bäume im Herbst. Ich mag das weite Meer genauso wie schroffe Berge, sanfte Hügellandschaften und verwunschene Wälder. Ich füttere die Vögel, trage Weinbergschnecken von der gefährlichen Straße auf die nächste Wiese, tue (fast!) keiner Fliege etwas zuleide und habe in meinem Zimmer stets einen leeren Joghurtbecher parat, um damit etwas weniger geliebte Zeitgenossen wie Spinnen zu entfernen, ohne draufhauen zu müssen.

Umso mehr fühle ich mich ohnmächtig angesichts der Tatsache, Teil eines Systems zu sein, welches die Bewahrung der Schöpfung nicht als größte Selbstverständlichkeit, sondern eher als lästige Pflicht betrachtet, damit wir es uns auch in hundert Jahren noch auf dieser Erde bequem machen können. Natürlich bin ich mir dessen bewusst, dass die Veränderung dieses Systems bei mir anfängt und dass ich durch mein Konsumverhalten eine Menge beitragen kann, um gefährlichen Entwicklungen etwas entgegenzuhalten. Ich bin aber auch nüchtern genug, um zu realisieren, wie lächerlich mein persönlicher Beitrag angesichts des ungeheuerlichen Raubbaus ist, der weltweit an den Ressourcen betrieben wird. Meine Resignation geht sogar so weit, dass ich mich manchmal dabei ertappe, mit dem Gedanken „Bringt ja eh nichts" auf die Mülltrennung zu verzichten. Und sofort meldet sich das schlechte Gewissen.

Ein schlechtes Gewissen aber macht handlungsunfähig. Das weiß die Psychologie und das wusste offensichtlich auch der große Menschenkenner Jesus, denn er hat selbst den größten Sündern niemals ein schlechtes Gewissen gemacht. Im Gegenteil: In der Begegnung mit Ihm durften sie alle selbst erkennen, was schiefläuft, und wurden befähigt, sich zu ändern, indem sie lernten, den größeren Zusammenhang ihres Lebens zu sehen. Und ich habe den Verdacht, dass es uns heute genau daran mangelt. Die Forschung schreitet geradezu explosionsartig voran, das macht uns jedoch nicht weiser, sondern vielmehr verwirrter. Eine Innovation jagt die nächste, dennoch wird unsere Lebensqualität nicht besser. Stattdessen werden wir immer abhängiger von Gadgets, ohne die es sich bis dato ganz wunderbar leben ließ. So vieles, was uns in der heutigen Zeit Glückseligkeit verheißt, erweist sich am Ende als heiße Luft, und die allgemeine Reizüberflutung führt irgendwann zur maximalen Ignoranz.

Eins steht fest: Um wirklich etwas in dieser Welt zu verändern, dürfen wir uns nicht auf Einzelkämpfer verlassen, vielmehr müssen wir lernen, alle an einem Strang zu ziehen! Wir dürfen nicht müde werden, einander verstehen zu lernen, über alle Landes- und Sprachgrenzen hinweg. Wir müssen zu einer neuen, weltweiten

Solidarität finden, uns ergreifen lassen von der Wirklichkeit des anderen. Ich glaube daran, dass dies keine Utopie, sondern reale Möglichkeit ist. Und da kommt für mich Der ins Spiel, der allein „aus Chaos Kosmos schaffen kann", wie es Benjamin Seipel (2Flügel) in einem seiner Lieder ausdrückt: Täglich bete ich um den Heiligen Geist, dass Er unseren Herzen einleuchtet, uns zusammenführt, uns ins Handeln bringt und uns Wege aufzeigt, unsere verwundete Welt heiler werden zu lassen. Nicht wir werden die Welt erlösen, ein anderer wird es tun. Allerdings nicht ohne uns.

WORK-LIFE-BALANCE

Morgens früh aufstehen. Vielleicht eine Runde Joggen. Dann einen Smoothie trinken und anschließend mit dem Rad zur Arbeit fahren. In der Mittagspause eine kleine Achtsamkeitsübung, muss ja gar nicht lange sein, fünf Minuten reichen. Nach Feierabend dann, ganz wichtig: Work-Life-Trennung! Die Arbeit Arbeit sein lassen und sich ganz auf andere Dinge konzentrieren. Quality time! Mit Freunden, der Familie, mit dem Hund raus. Lange Spaziergänge, gute Gespräche. Oder kochen, kochen ist auch gut. Das Leben aktiv und positiv gestalten. Das Leben genießen. Prima!

Mein Tagesablauf sieht komplett anders aus. Ich schlafe meist zu lang. Mein Weg zur Arbeit beschränkt sich darauf, in Unterhosen mit einer Tasse Kaffee in der Hand zum Laptop zu schlurfen, der irgendwo in Küche, Wohnzimmer oder Esszimmer, aber nie im Arbeitszimmer steht. Und dann tue ich irgendetwas. Ich checke Mails, schreibe Texte, koche, sauge, telefoniere, netflixe, sitze in Meetings – dann natürlich nicht in Unterhosen –, walke, kaufe ein, trinke Wein. Und irgendwann gehe ich ins Bett. Viel zu spät natürlich.

Nein, eine klare Trennung zwischen Work und Life gibt es bei mir nicht. Ich arbeite einfach, während ich lebe.

Dieses Konzept hat eine ganze Reihe von Vorteilen: Ich bin flexibel, kann meinem Biorhythmus entsprechend arbeiten – nicht wenige Texte dieses Buches entstanden irgendwann zwischen 23 Uhr am Abend und 3 Uhr in der Frühe –, und wenn das Wetter schön ist, schnappe ich mir meinen Laptop und setze mich in den Garten.

Aber diese Lebensweise hat natürlich auch eine ganze Reihe von Nachteilen: Ich habe selten das Gefühl von Feierabend und noch seltener ein Gefühl von Wochenende. Und selbst in Urlauben oder während meiner Aufenthalte im Kloster habe ich schon den einen oder anderen Job erledigt. Diesen Text schreibe ich beispielsweise in einem kleinen Apartment auf der wunderschönen Insel Ameland, wo ich eigentlich eine Woche Urlaub machen wollte. Aber, nun ja, irgendwie hat sich die Arbeit angehäuft und jetzt muss ich halt in den sauren Apfel beißen und nach einem sonnigen Tag am Strand noch ein wenig arbeiten.

Abschalten klappt bei mir leider nicht so gut. Die freie Zeit zu schätzen fällt mir schwer und phasenweise habe ich das Gefühl, weder genug gearbeitet noch die freie Zeit genossen zu haben. Guten Gewissens kann ich diese Lebensweise wirklich niemandem empfehlen.

Das Tragische an meiner Work-Life-Situation ist ja, dass sie symptomatisch für viele Menschen meiner Generation ist. Außer Beamten und städtischen Angestellten arbeitet kaum noch jemand „nine to five". Alle anderen sind immer auf Abruf, immer unterwegs, immer am Anschlag. Und obwohl ich weiß, dass dies nicht die gesündeste Art und Weise ist, seinen Job zu erledigen, schaffe ich es nicht anders.

Insbesondere nach meinen Aufenthalten im Kloster versuche ich jedes Mal aufs Neue, meinen Alltag zu strukturieren und kleine Pausen in den Tag einzubauen. Pausen, in denen ich einfach ganz genussvoll nichts tue. Kein Internet, kein Fernsehen, kein Rasenmähen, einfach nichts. Ich weiß, dass solche Strukturen helfen und dass sie mir guttun. Ich bekomme sie nur leider nicht dauerhaft umgesetzt. Spätestens eine Woche nach dem Kloster befinde ich mich wieder in meinem gewohnten Trott.

Mir ist klar: Wer wissentlich immer wieder den Fehler macht, seine Grenzen zu missachten, läuft Gefahr, in einem Burn-out zu versinken. Eine Zeit lang funktionieren das Durchpowern und die Durchhalteparolen. Auch die Hoffnung auf ein zeitnahes Ende des Stresses kann eine ganze Weile tragen. Aber irgendwann stellen Körper und Psyche einfach den Dienst ein. Mir persönlich ist das in ausgeprägter Form bisher – Gott sei Dank – nicht passiert. Meiner Frau hingegen schon. Und seitdem weiß ich auch, dass ein Burn-out rein gar nichts mit dem allgemeinen Verständnis von „überarbeitet" oder „ausgepowert" zu tun hat und der deutsche Begriff „Erschöpfungsdepression" viel treffender ist. Da geht nichts mehr! Selbst ein kleiner Spaziergang durch den Garten oder ein Kaffee in der Sonne vor dem Haus werden zu einem unüberwindbaren Hindernis. Die wund gescheuerte Seele wehrt sich. Diesen Zustand wünsche ich wirklich niemandem.

Also tue ich, was mir möglich ist, um mich nicht im Arbeitsstress zu verlieren. Ich walke, mal mehr und mal weniger. Wenn es sich einrichten lässt, plane ich ein kleines Nickerchen am frühen Nachmittag ein. Ich versuche meinem Tag eine grobe

Struktur zu geben. Und ganz wichtig: Ich mache mir am Abend eine To-do-Liste für den kommenden Tag. Ich liebe Listen. Listen haben Punkte, die man abstreichen kann. Und ein abgestrichener Punkt auf einer To-do-Liste hebt meine Lebensqualität um 3,75 Prozent. Mindestens!

Es gibt viele Strategien und Rituale, um innezuhalten und sich kurz aus dem Stress zu ziehen: Atemübungen, Progressive Muskelrelaxation, Qigong. Andere Menschen finden Ruhe und Entspannung im Gebet, bei der Gartenarbeit, der Meditation oder beim Puzzlen. Sie verlieren sich in ihren Hobbys, finden neue Perspektiven durch Ehrenämter und bekommen positive Bestätigung beim Beaufsichtigen der Enkelkinder. Ich selbst bin da noch immer auf der Suche nach der für mich passenden Methode.

Aber wenn es so richtig brennt und ich zu viel um die Ohren habe, wenn Abgabetermine näher rücken oder ein Text partout nicht funktionieren will, dann vergesse ich alles, was ich über Entspannung gelernt habe und handele absolut kontraproduktiv. Ich schreibe bis in den frühen Morgen hinein, ich rauche zu viel, trinke zu viel Kaffee, habe keine Zeit fürs Walken, schlafe zu kurz, dafür aber bis in den Vormittag hinein, und habe das Gefühl, überhaupt gar nichts mehr jenseits der aktuell brennenden Aufgabe auf die Kette zu bekommen. Gesundheit, Sozialleben, Hobbys – egal.

Immerhin sind diese Stressphasen meist von überschaubarer Dauer. Dann kann ich mich darauf einstellen. Zwei Wochen Dauerfeuer geben, kein Problem. An die Grenzen gehen, wenn ein Ende abzusehen ist, super. Denn – und hier wird es richtig paradox – es ist ja auch sehr euphorisierend, wie ein Irrer auf ein Ziel hinzuarbeiten. Und es ist ein unbeschreibliches Gefühl, wenn man das Ziel erreicht hat: abgekämpft, leicht hysterisch und stolz. Wenn ich so darüber nachdenke, kommt mir der Gedanke, dass ich diesen Arbeitsrausch vielleicht sogar ein Stück weit brauche und ich deshalb nicht der strukturierteste Autor der Welt bin.

Ich arbeite einfach, während ich lebe. Das klappt mal besser und mal schlechter. Und manchmal bin ich in stillen Stunden ein wenig neidisch auf die Ordensschwestern im Kloster, mit ihren durchgetakteten Tagen, den wiederkehrenden Zeiten der Stille und ihrer Nähe zu Gott. Er schafft leider nur selten den Sprung vom Kloster in meinen Arbeitsalltag. In Arenberg ist er allgegenwärtig, da kann ich ihn spüren. Daheim ist jedoch alles viel zu laut und zu schnell und zu ablenkend. Da müsste ich ihn suchen. Aber woher soll ich die Zeit nehmen? Ich bin Realist. So leben könnte ich nicht.

● ○

Mehr als zwölf Jahre lebe ich nun in der Gemeinschaft, und die meisten meiner Tage beginnen morgens um 5.30 Uhr und enden abends um 23 Uhr. Dazwischen liegen unzählige Aufgaben, Begegnungen, Gespräche und verschiedenste Ereignisse, die einander in rascher Folge ablösen – und doch habe ich mich im Kloster bislang noch nie über längere Zeit gestresst gefühlt. Okay, ich lasse mich ohnehin nicht allzu leicht stressen, aber davon abgesehen, spüre ich doch ganz deutlich, welch wunderbares Programm zur Stressprävention der klösterliche Alltag beinhaltet.

Wer unsere Gemeinschaft kennt, weiß, dass wir keine Kinder von Traurigkeit sind. Wenn wir feiern, dann feiern wir, und dabei fehlt es an nichts. Weiße Tischdecken, Festtagsgeschirr, Blumen und Kerzen auf den Tischen, Brötchen und Ei zum Frühstück, Eis zum Nachtisch, manchmal auch ein Gläschen Wein, Kaffee, Kuchen oder auch mal frische Waffeln am Nachmittag. Dabei wird gelacht, gesungen, erzählt – und es geht zu wie in einem Bienenstock! Doch mindestens genauso wohltuend empfinde ich es, wenn danach wieder der Alltag einkehrt. Den neuen Tag im Schweigen zu beginnen, während das frohe Fest noch leise im Innern nachklingt, ist für mich immer wieder ein großes Geschenk.

Was ich an unserer Lebensweise Tag für Tag ganz besonders genieße, ist der feste Rhythmus, der immer wiederkehrende Wechsel von Feiertag und Alltag, Sonntag und Werktag, von gemeinsamen Gebetszeiten und persönlicher Meditation, Schweigen und Sprechen, Gemeinschaft und Alleinsein, Arbeitszeit und Erholung.

Diese „klösterlichen Gezeiten", sie geben unserem Leben eine tiefe Prägung. Auch wenn es mir manchmal schwerfällt, mich um 11:25 Uhr von der Arbeit loszureißen und zum Mittagsgebet zu gehen, so helfen mir die regelmäßigen Unterbrechungen doch sehr dabei, nicht den ganzen Tag wie ein Hamster im Rad zu laufen, sondern mich zu sammeln und wieder auszurichten auf Christus, auf den Grund meines Daseins.

Und auch wenn ich bei Tisch manchmal am liebsten direkt losplappern und den Schwestern von schönen Begegnungen und Erlebnissen erzählen würde, finde ich es wunderbar, dass wir zwei Mahlzeiten am Tag im Schweigen einnehmen und dabei einer Tischlesung lauschen dürfen.

Neben der klaren Struktur sind es viele Rituale, die unserem Alltag eine besondere Note geben, Rituale, die ich als überaus heilsam erlebe. Morgens und abends spricht die Priorin einen Segen über den Konvent, und vor längeren Reisen oder bei Krankheit bekommen wir einen Einzelsegen. An den Türen wichtiger Räume wie der Kapelle, dem Schwesternchor und dem Refektorium hängen kleine Weihwasserkessel. Mit ihnen segnen wir uns selbst beim Betreten dieser Gemeinschaftsräume und erinnern uns dabei gleichzeitig an unsere Taufe. So halten wir mehrfach am Tag kurz inne – und werden uns beim Eintreten unserer tiefsten Würde bewusst, anstatt einfach nur so hineinzutappen.

Auch die vielen Rituale und Gebetshaltungen während unserer Gottesdienste helfen dabei, uns den größeren Zusammenhang unseres Lebens auf eine sehr ganzheitliche Art und Weise zu vergegenwärtigen. Natürlich bedingt die ständige Wiederholung auch eine gewisse „Verwässerung", natürlich haben sich viele Rituale inzwischen automatisiert, doch auch wenn ich sie manchmal nicht ganz bewusst vollziehe, empfinde ich sie dennoch als segensreich und möchte sie nicht missen.

Unabhängig von diesen Rahmenbedingungen ist es eine Atmosphäre der Wertschätzung und Annahme, die ich hier erfahre und die mir Tag für Tag zu leben hilft. Ich darf im Konvent schlecht gelaunt sein, ich darf müde und schwach sein und ich darf auch scheitern. Und allein schon das Wissen darum, dass Tag für Tag für mich gebetet wird, besonders dann, wenn es große Herausforderungen zu bewältigen gilt, weckt ungeahnte Kräfte und schenkt mir zugleich eine große Gelassenheit.

Ich bin davon überzeugt: Stress entsteht selten allein durch zu viel Arbeit, Stress entsteht dann, wenn wir uns und unseren Bedürfnissen über längere Zeit nicht gerecht werden. Hier im Kloster haben wir viele Möglichkeiten, um einer solchen Entwicklung entgegenzuwirken. Manchmal braucht es allerdings nur ganz wenig, damit das Lebensgefühl sich verändert. So habe ich vor einigen Jahren auf Rat meiner geistlichen Begleiterin damit begonnen, mehrmals am Tag eine Minute lang innezuhalten, um zu erspüren, wie es mir gerade geht. Dazu nutze ich meist die „Brachzeiten", die sich während des Tages von selbst ergeben: beim Treppensteigen, an der Bushaltestelle, auf dem Flur, in der Mittagspause … Mehrmals täglich sage ich ganz bewusst „Stopp" und nehme Kontakt auf mit meinen inneren Regungen. Diese kurzen Augenblicke sind mir kostbar geworden und helfen mir dabei, mich im Vielerlei des Alltags nicht zu verlieren.

Nicht nur um unseretwillen, sondern auch aus Verantwortung für die, mit denen wir unterwegs sind, braucht es eine ausreichende Portion Selbstfürsorge zur Stressvermeidung. Dann, davon bin ich fest überzeugt, kann unser Leben ein seliges Geben und Nehmen werden, ein Leben fruchtbar für Gott und die Welt.

LUXUS

Wikipedia, die alles beschreibende Instanz meiner Generation, definiert Luxus als „Verhaltensweisen, Aufwendungen oder Ausstattungen, welche über das übliche Maß (den üblichen Lebensstandard) hinausgehen bzw. über das in einer Gesellschaft als notwendig oder sinnvoll erachtete Maß. Luxus fasst damit Phänomene zusammen, die für einen großen Teil der Bezugsgruppe als erstrebenswert gelten." Das klingt erst einmal nicht schlecht, aber Begriffe und Formulierungen wie „Gesellschaft", „Bezugsgruppe" und „das übliche Maß" sind halt ebenso wage wie Politikerstatements ein paar Wochen vor einer Bundestagswahl.

Ich denke, dass die Definition von Luxus ein sehr individueller Gradmesser ist, der sich stetig der Lebenssituation des Einzelnen anpasst und sich wandelnde Schwerpunkte setzt. Was ich als luxuriös empfinde, verändert sich laufend – so, wie ich mich selbst verändere und wie sich die Welt um mich herum verändert. Vielleicht könnte man heruntergebrochen sagen, dass Luxus für mich etwas ist, was ich gern haben oder erleben möchte, aber gerade nicht haben oder erleben kann.

Für die scheinbar typischen Statussymbole habe ich mich dabei noch nie begeistern können. Teure Kleidung, teure Elektronikgeräte, teure Autos: Das ist mir alles ziemlich egal. Ein Auto muss fahren, eine Hose muss sitzen und ein Smartphone muss Telefonie, WhatsApp, E-Mail und Internet können. Das reicht mir. Alles, was darüber hinausgeht, fühlt sich für mich schnell nach Verschwendung an. Oder nach Sinnlosigkeit. Ich habe ständig einen kleinen Mann im Ohr, der mich fragt, ob ich dieses oder jenes wirklich brauche. Das klingt natürlich sehr vernünftig, ist aber leider auch wenig emotional.

2014 schaffte es der Ausdruck „Gönn dir" bei der Wahl zum Jugendwort des Jahres auf den zweiten Platz. Vielleicht liegt es an meinem nicht mehr jugendlichen Alter, aber sich einfach mal etwas zu gönnen oder sich an etwas Sinn- oder Nutzlosem zu erfreuen, das kann ich nicht so gut. Entsprechend schwer ist es, mir mit größeren Geschenken eine Freude zu machen. Alles, was ich zum Leben benötige, kann ich mir früher oder später leisten, denn da ist kein Wunsch nach einer Karibikkreuzfahrt oder einem Porsche in mir. Das mag jetzt sehr schick und hip klingen, nach postmaterialistischem Bildungsbürgertum, Bio-Supermarkt und immer etwas humorlos wirkenden Bedenkenträgern. Aber so ist es gar nicht gemeint. Ich finde Luxussportwagen super, frei stehende Architektenhäuser im Grünen ebenso, und ich freue mich mit jedem, der Spaß an seinem neuen 800-Euro-Smartphone hat. Gönnt euch! Ich selbst kann das einfach nicht, sosehr ich es versuche. Teure Sachen überfordern mich einfach.

Ja, wahrscheinlich wäre es für mich unheimlich luxuriös, mich ohne schlechtes Gewissen an Luxusgütern erfreuen zu können.

Als ich noch in einer PR-Agentur arbeitete und jeden Tag gut 30 Kilometer durchs Ruhrgebiet pendeln musste, ging ich morgens um kurz nach sieben aus dem Haus und kam abends zwischen sieben und acht wieder nach Hause. Mit dem Auto durchs Ruhrgebiet zu pendeln bedeutet ja vor allen Dingen: im Stau zu stehen. Und so saß ich jeden Tag zwischen zwei und vier Stunden hinterm Lenkrad und vertrieb mir die Zeit mit Gedankenspielen und Grübeleien. Einmal stellte ich mir vor, was ich alles machen würde, wenn ich bei der kommenden Ziehung der Lottozahlen eine Million Euro gewänne. Klar: das 130 Jahre alte Haus abbezahlen und fertig sanieren, den Eltern etwas schenken, den Rest des Geldes anlegen. Und vielleicht noch: den zwölf Jahre alten VW Polo gegen ein neues Auto tauschen. Das Dilemma war: Ich brauchte mehrere Tage, um mich für ein Modell zu entscheiden. Da gewann ich hypothetisch im Lotto, hatte ein Budget von einer Million Euro und mir fiel kein Auto ein, das ich wirklich gerne fahren wollte. Die Sportwagen waren zu klein, die SUVs zu protzig, die Mittelklassewagen zu langweilig, die Oldtimer zu unpraktisch. Letztendlich fand ich aber doch ein Auto, das ich mir gerne kaufen würde: einen Skoda Yeti. Neupreis: etwa 20 000 Euro.

Mit Luxus verbinde ich also selten etwas Materielles. Zeit, Ruhe und Stille sind für mich Luxus, auch wenn das natürlich komplett abgedroschen klingt. Ganz bei mir zu sein oder ganz bei meinen Mitmenschen, ist Luxus. Kurz mal ganz leer zu sein, ohne Gedanken, Listen, Pläne, Sorgen und Wünsche. Oder für einen Augenblick ganz nah bei Gott zu sein. Einfach ich zu sein. Kurz mal Glück zu verspüren und nichts sonst. Mich am Strand einer Nordseeinsel von der Weite des Meeres überwältigen zu lassen. Kurz mal durchzuatmen. Begegnungen mit Menschen können Luxus sein, wenn sie das eigene Leben bereichern. In einer Gesellschaft leben zu dürfen, in der die unteren Ebenen der Maslowschen Bedürfnispyramide ganz selbstverständlich erfüllt werden, ist in Anbetracht von Millionen flüchtender Menschen weltweit ebenfalls luxuriös. Sich beim Spaziergang an der 300 Jahre alten Eiche zu erfreuen und die eigene Vergänglichkeit zu spüren, ist Luxus. Ja sagen zu können, Nein sagen zu dürfen. Sich berühren zu lassen. All dies sind Geschenke, die mir so viel wichtiger sind als irgendwelche handfesten Luxusgüter.

Welchen Sinn macht es auch, diesen ständig hinterherzurennen? Ich glaube, dass wir genau dadurch unzufrieden werden. Lasst uns doch einfach mal hinsetzen und betrachten, was uns das Leben zu bieten hat. Was wir haben, erleben und machen können. Was wir fühlen dürfen. Denn all das ist für viele Menschen bereits Luxus. Der nervende Job, den man viel zu oft verflucht, kann der größte Wunsch eines anderen sein. Und sogar schmerzende Gefühle wie Wut, Trauer oder Mitleid sind nicht für jeden Menschen selbstverständlich. Von Glück, Liebe und Annahme ganz zu schweigen.

„Also: Iss freudig dein Brot und trink vergnügt deinen Wein; denn das, was du tust, hat Gott längst so festgelegt, wie es ihm gefiel"[7], heißt es in der Bibel. Und das klingt ein wenig nach „Gönn dir". Aber auf eine gesunde Art und Weise. Da ist von Brot, Wein, Vergnügen und Freude die Rede, nicht von Gold, Diamanten und Ländereien.

Wir können uns unseren Luxus immer wieder selbst gestalten. Und dazu braucht es nicht viel. Vielleicht müssen wir manchmal nur ein, zwei Schritte zurückgehen und unseren Blickwinkel ändern. Allein die Tatsache, dass wir das können, ist Luxus.

● ○

„Man umgebe mich mit Luxus. Auf das Notwendige kann ich gerne verzichten." Ich musste laut lachen, als ich dieses Zitat von Oscar Wilde vor einiger Zeit auf einer Postkarte entdeckte. Und fühlte mich – Asche auf mein Haupt! – spontan angesprochen. Da wird sich der kritische Leser nun zu Recht fragen, wie eine solche Dekadenz eigentlich zum Leben einer Ordensfrau passt. Leben in Armut und trotzdem umgeben von Luxus, ist das nicht eine riesengroße Heuchelei?

„Es gab Zeiten, da war gegen Ende des Monats schon abzusehen, dass das Geld für unser Essen hinten und vorne nicht reichen würde. In diesen verzweifelten Momenten kratzte meine Mutter manchmal die letzten Pfennige zusammen, rief uns Kinder herbei und ging mit uns trotzig und hoch erhobenen Hauptes ins Kino." Ein großes Lächeln erstrahlte im Gesicht einer Frau, die mir dies im Rahmen eines Seelsorgegesprächs von ihrer liebevollen, warmherzigen Mutter erzählte, einer echten Lebenskünstlerin. Selbst in der äußersten Armut der Nachkriegszeit sorgte sie, die sich mit ihren vier Kindern alleine durchschlagen musste, dafür, dass die Freude in ihrer Familie nicht verloren ging. Es ist ihr wohl gelungen: Bis heute haben diese Kinobesuche und ähnliche Unvernünftigkeiten in den Herzen ihrer Kinder lebendige Spuren hinterlassen, während die Erinnerung an die bittere Not dieser Jahre längst verblasst ist.

„Auf das Notwendige kann ich gerne verzichten …", schreibt Oskar Wilde. Nun ja, eine etwas verwegene Aussage, aber ist es nicht tatsächlich so, dass wir zuweilen leichter auf Notwendiges verzichten als auf die unnötigen Dinge, die unser Leben bunt und schön machen? Das geht schon im ganz Kleinen los, wenn der eigentlich notwendige Toilettenbesuch beim Open-Air-Konzert bis zum Gehtnichtmehr verschoben wird, um den Auftritt der Lieblingsband zu Ende hören zu können.

Ist Luxus am Ende selbst notwendig? Ich wage zu behaupten: unbedingt! Natürlich meine ich damit nicht den maßlosen Konsum von Luxusgütern, an die wir unser Herz hängen, ohne dass sie uns glücklich machen könnten. Luxus hat damit zu tun, in meinem Leben Räume zu schaffen, um zweckfrei zu genießen und meine Individualität zu gestalten. So betrachte ich persönlich es als Luxus, mir mehrere Stunden am Tag Zeit für Gebet und Meditation nehmen zu können. Luxus ist für mich aber auch, mit einer Mitschwester ohne Zeitnot durch die Fußgängerzone schlendern zu können und Schaufenster anzuschauen. Luxus sind für mich die vielen unerwarteten Geschenke, die manchmal in einem einzigen Tag verborgen sind – gute Gespräche, nette Begegnungen, ein Naturerlebnis, neue Ideen, die plötzlich im Kopf aufleuchten, eine leckere Tasse Cappuccino zwischendurch ...

Es bringt mich immer wieder zum Schmunzeln, dass das erste Zeichen, welches von Jesus im Johannesevangelium überliefert ist, ausgerechnet ein Luxuswunder ist: die Geschichte von der Hochzeit zu Kana. Interessanterweise waren und sind Theologen und fromme Bibelleser aller Jahrhunderte eher peinlich berührt als glücklich darüber, dass Jesus bei seinem ersten öffentlichen Auftreten keine Krankheit heilt, keine Not lindert oder sich Bedürftigen zuwendet, sondern 600 Liter Wasser in köstlichsten Wein verwandelt, damit ein ausschweifendes Hochzeitsfest in die nächste Runde gehen kann. Auch dass Jesus von den Pharisäern an anderer Stelle als „Fresser und Säufer" bezeichnet wird, zeugt nicht unbedingt davon, dass sein Leben von einer atemberaubenden Askese geprägt war. Und damit steht er in einer langen Tradition, denn auch im Alten Testament ist immer wieder die Rede von ausschweifenden Festen, insbesondere, wenn es um die Vollendung unseres Lebens und der Welt geht. Kleine Kostprobe gefällig?

„Der Herr der Heere wird auf diesem Berg für alle Völker ein Festmahl geben mit den feinsten Speisen, ein Gelage mit erlesenen Weinen, mit den besten und feinsten Speisen, mit besten, erlesenen Weinen. Er zerreißt auf diesem Berg die Hülle, die alle Nationen verhüllt, und die Decke, die alle Völker bedeckt. Er beseitigt den Tod für immer. Gott, der Herr, wischt die Tränen ab von jedem Gesicht. Auf der ganzen Erde nimmt er von seinem Volk die Schande hinweg. Ja, der Herr hat gesprochen."[8]

Anhand dieser und vieler anderer Schriftstellen wird deutlich: Gott selbst kleckert nicht, er klotzt. Um dies wahrzunehmen, genügt mir persönlich schon ein einfacher Blick aus dem Fenster. So vieles, was die Natur zu bieten hat und uns immer wieder Staunen lässt, ist im Grunde überflüssig. Braucht ein Kirschbaum so viele Blüten, um zu überleben? Und – jetzt wird es ganz existenziell – „braucht" es von Gott her überhaupt die Schöpfung? Ist es nicht vielmehr purer Luxus, dass es uns Menschen und alles um uns herum überhaupt gibt? Ich jedenfalls bin ganz und gar gewiss, dass wir von Gott tatsächlich absichtslos in dieses Leben hineingeliebt worden sind und wir daher niemanden von unserer Notwendigkeit und Unentbehrlichkeit zu überzeugen brauchen. Daran glauben zu dürfen, ist für mich DER Luxus meines Lebens.

SÜNDE

Ich mache mir da nichts vor: Wenn ich so durch das Regelwerk der katholischen Kirche blättere, dann bin ich ein Sünder. Durch und durch. Ein hoffnungsloser Fall. Ich habe im Laufe meines Lebens sicher gegen einige Gebote verstoßen. Und das in vollem Bewusstsein. Wenn ich im Katechismus lese, was man als guter Katholik so alles zu tun und – vor allen Dingen – zu lassen hat, wird die Liste meiner Verstöße richtig lang. Kirchenbesuche: selten. Beichten in den vergangenen 35 Jahren: eine. Messen mit Abendmahl und allem Pipapo: mit viel gutem Willen eine pro Jahr. Stattdessen tat und tue ich jede Menge Dinge, die man als guter Christ nicht, gar nicht und ganz bestimmt nicht tun sollte: Ich hörte Dark Wave, Gothic und Musik, die „Neue deutsche Todeskunst" genannt wurde. Ich las Baudelaire, de Sade, Nietzsche und Crowley. Ich masturbierte in meiner ungefähr 20 Jahre dauernden Jugend wirklich fleißig. Ich mag Horror- und Schundfilme mit viel Blut und gerne auch mit nackter Haut. Wenn ich mir meine Gemeinde vor Ort anschaue, werde ich ungerecht und wütend, weil mich deren Arbeit nicht erreicht. Scheinbare Notlügen und Maßlosigkeit sowie Gier, Geiz, Eitelkeit und Stolz sind mir ebenfalls nicht fremd. Okay: Bei den wirklich harten Sachen bin ich ein unbeschriebenes Blatt. Ich habe nicht gemordet, vergewaltigt oder gebrandschatzt.

Trotzdem: Bei all den Sünden, die ich begangen habe, begehe und begehen werde, muss es Vergebung geben. Ansonsten bin ich wahrlich verloren.

Sünden haben ja immer etwas mit Regeln zu tun, die gebrochen wurden, und ich habe nichts gegen Regeln, ganz im Gegenteil. Ich denke, dass Regeln ungemein wichtig sind. Sie geben

Halt und helfen dabei, nicht im Meer der Möglichkeiten unterzugehen. Wenn alles erlaubt wäre, verlören wir sehr schnell unsere Menschlichkeit. Aber ich glaube, dass die christlichen Dos and Don'ts bereits viel zu lange falsch kommuniziert werden. Dass es nicht richtig ist, Sanktionen, Strafen und das schlechte Gewissen in den Mittelpunkt zu stellen. Ich bin sicher, dass Generationen von Christen aus purer Angst heraus funktionierten. Dass deren Glaubensfundament vor allen Dingen aus Befürchtungen, Neins und wenig Lebensfreude bestand. Aber ein Glaube, der auf Strafangst basiert, kann kein authentischer, echter Glaube sein. Und ein Glaube, der nicht den Spaß am Leben vermittelt, wird niemals ein starker Glaube sein.

Für mich ist das Gefühl, gesündigt zu haben, vor allen Dingen ein Reminder. So wie die „Ein Tag ohne Lächeln ist ein verlorener Tag"-Postkarten an der Kühlschranktür. Oder die täglichen Sinnsprüche auf dem Abreißkalender. Irgendwie richtig, irgendwie hilfreich, irgendwie gut. Aber wenn ich ehrlich bin: Die Umsetzung dieser Lebensweisheiten klappt halt nicht immer. Und so ist es doch auch bei den Sünden. Klar, mir und den meisten anderen Menschen gelingt es erfolgreich, nicht Hitler zu sein, nicht die verhasste Erbtante zu meucheln und keine kleinen Katzenbabys zu quälen. Werden die Vergehen aber eine Nummer kleiner, sieht das Ganze schon anders aus. Wir wissen, dass wir nicht lügen sollten, aber hey, dann liegt plötzlich die Anlage N der Steuererklärung vor einem und schon wird man schwach. Oder besser: Wir werden Menschen. Mit Fehlern, Leidenschaften und freiem Willen. Genau so, wie Gott uns erschaffen hat. Aber allein für die Erkenntnis, für diese Millisekunde des Zweifels, ob es wirklich richtig ist, die Nebeneinkünfte bei der Steuererklärung unter den Tisch fallen zu lassen, braucht es den Begriff der Sünde, der uns daran erinnert, dass wir auch anders, dass wir auch besser handeln könnten.

Mag sein, dass konservative Gläubige dies nicht so sehen und mir eine Zukunft im ewigen Höllenfeuer prophezeien. Dass kluge Theologen einwenden, ich würde es mir zu einfach machen und mir die Rosinen rauspicken. Ein Schönwetter-Katholik. Sie können mir sicher einhundert Punkte aufzählen, warum ich dem Regelwerk Gottes mit mehr Demut und Ehrfurcht begegnen sollte. Ernsthafter. Aber: Wer lebt, sündigt. Das ist fast zwangsläufig so. Also lasst uns doch aufhören, die vielen mehr oder weniger großen Sünden als schwere Fehler eines schwachen Willens zu kommunizieren. Das führt zu nichts außer Verunsicherung. Denn für viele Menschen bedeutet zu sündigen leider oft genug zu scheitern. Und wer immerzu scheitert, der fühlt sich auf Dauer klein und schwach. Der wird sich niemals richtig entfalten können. Aber ist es nicht genau das, was Gott sich von uns wünscht? Dass wir das pralle Leben auf Erden genießen?

Ich denke, dass all die Sünden, die ich in meinem Leben beging, eine Angelegenheit zwischen mir und Gott sind. Und dass die Todeskunst und die düsteren Bücher, die Schundfilme und meine Wut gegen die spießigen Ortsgemeinden, mein Stolz und meine Eitelkeit Teil meiner ganz individuellen Biografie sind. Vielleicht musste das alles sein, damit ich Jahre später gemeinsam mit einer Schwester der Arenberger Dominikanerinnen ein Buch schreiben konnte. Vielleicht brauchte ich dafür sogar etwas Narzissmus. Sicher ist jedoch: Ohne Sünden hätte ich dieses Buch nicht schreiben können.

Ich denke, dass die Sünde zu mir gehört, und zu jedem Menschen. Ich denke, dass es okay ist zu sündigen. Ich denke sogar, dass ein sündenfreies Leben beschränkt, eindimensional und sehr, sehr langweilig wäre. Und ich glaube und hoffe auf die Vergebung eines liebenden, gütigen und verzeihenden Gottes, der weiß, dass Nicht-Wollen und Nicht-Können oft sehr nah beieinanderliegen.

Also Schluss mit dem schlechten Gewissen. Und her mit dem echten Leben. Der Herr wird es vergeben. Hoffentlich.

● ○

Alles begann ganz harmlos, wie so oft im Leben: Im Buch Genesis, dem ersten Buch der Bibel, wird erzählt, wie Gott liebevoll aus Ackerboden den Menschen erschafft und ihm Lebensatem einhaucht. Er setzt ihn in einen Garten voller Bäume mit köstlichen Früchten, gesicherter Wasserversorgung, wohlriechenden Harzen zur Wundheilung und nicht zu vergessen: reichen Gold- und Edelsteinvorkommen. Da Gott erkennt, dass es selbst im Paradies alleine auf Dauer ganz schnell langweilig werden kann, erschafft er – ebenfalls aus dem Ackerboden – zunächst einige Tiere, denen der Mensch Namen geben darf. Doch damit nicht genug, etwas Ebenbürtiges muss her, um der Einsamkeit des ersten Menschen wirklich ein Ende zu bereiten. So versetzt ihn Gott kurzerhand in Tiefschlaf und klaut ihm eine Rippe, um ihm daraus eine Frau zu basteln. Und offensichtlich hat er gute Arbeit geleistet: „Das ist endlich Bein von meinem Bein und Fleisch von meinem Fleisch. Frau soll sie heißen, denn vom Mann ist sie genommen", ruft der Mann begeistert aus und freut sich über die neue Möglichkeit zwischenmenschlicher Beziehungen. Kein Blatt passt zwischen Adam und Eva, die beiden laufen nackt durch den Garten Eden, ohne sich voreinander oder gar vor Gott zu schämen.[9] Ja, das Ende dieser Geschichte hätte tatsächlich sehr happy sein können, doch bereits wenige Verse später kommt eine neue Qualität ins paradiesische Leben: das Misstrauen. Es ist die Schlange, die plötzlich Begehrlichkeiten weckt. Sie suggeriert der Frau, dass Gott sie nur kleinhalten will, wenn er ihnen gebietet, von einem einzigen Baum des Paradieses nicht zu essen. Und plötzlich rückt er in den Mittelpunkt des Interesses, dieser seltsame Baum der Erkenntnis. Auf einmal ist er da, der Reiz des Verbotenen: „Da sah die Frau, dass es köstlich wäre, von dem Baum zu essen, dass der Baum eine Augenweide war und dazu verlockte, klug zu werden." Sie fackelt nicht lange, verlässt ohne große Not den gesunden Boden der vertrauensvollen Beziehung, isst von dem Baum und gibt obendrein auch ihrem Mann davon zu essen. Die großartige Erkenntnis folgt auf dem Fuß, denn mit einem Schlag werden Adam und Eva sich ihrer Nacktheit bewusst, schämen sich in Grund und Boden, bedecken ihre Blöße mit Feigenblättern und beginnen, sich vor Gott zu verstecken. Zusammen mit der Sünde hält die Angst vor Gott Einzug in den Garten Eden und bereitet den paradiesischen Zuständen ein jähes Ende.[10]

Der Symbolgehalt dieser Erzählung aus dem Buch Genesis ist gewaltig und veranschaulicht auf einmalige Weise, wie es überhaupt dazu kommt, dass wir Menschen so oft Dinge tun, die uns später reuen. Am Anfang steht der Mangel – sei es ein gefühlter oder auch tatsächlicher Mangel an Liebe und Vertrauen. Verbunden mit dem Gefühl, mein Schicksal selbst in die Hand nehmen zu müssen, ist die Verlockung groß, zu schnellen, einfachen Lösungen zu greifen, statt schwierige Situationen durchzutragen und mit offenen Fragen und Spannungen leben zu lernen. Anstatt die eigene Wahrheit und Größe im Lichte Gottes zu erkennen, lassen wir uns blenden von falschen Versprechungen, die uns vorgaukeln, den

Himmel auf Erden bereiten zu können. Es sind Lügen und Halbwahrheiten, die uns auf Abwege bringen und dazu führen, dass wir uns von uns selbst, von unseren Nächsten und von Gott entfremden. Weder Adam noch Eva können zu ihrer Tat stehen und schieben die Schuld jeweils dem anderen in die Schuhe. So wie Eva fälschlich meint, dass ihr ganzes Glück davon abhinge, den verbotenen Apfel zu vernaschen, sind auch wir immer in Gefahr, in unserem Leben auf die falschen Pferde zu setzen – koste es, was es wolle.

Umgekehrt: Gott hat uns Menschen so geschaffen, dass wir selbst ihm widerstehen können, gerade diese Eigenschaft zeichnet unser Wesen aus, und das sollten wir ernst nehmen. Auch wenn ich persönlich mich manchmal etwas scherzhaft frage, ob unser Schöpfer es sich gut „überlegt" hat, uns mit der Fähigkeit zu sündigen ins Rennen zu schicken, kommt für mich gerade in diesem Punkt etwas von unserer tiefsten Würde und Gottesebenbildlichkeit zum Ausdruck. Denn ohne die Option, auch Nein zu sagen, könnte ich niemals in Freiheit mein Ja sprechen, wäre ich nicht fähig, zu lieben. Ohne die Möglichkeit, Gott zu widerstehen, könnte ich mich auch nicht bewusst für ihn entscheiden. „Ein Mensch ist erst dann ein reifer Mensch, wenn er schuldfähig ist, wenn er sich traut, Fehler zu machen." Dieser Gedanke hat mich vor einigen Jahren während einer Weiterbildung zum Thema „Schuld und Vergebung" sehr nachdenklich gemacht. Und inzwischen bin ich überzeugt, dass wir unsere Kräfte nicht so sehr dafür einsetzen sollten, möglichst fehlerfrei durchs Leben zu marschieren, um dann am Ende Gott stolz unsere blütenrein weiße Weste vorzeigen zu können. Viel wichtiger ist es, dass wir uns mit jedem Atemzug neu bewusst machen, dass das eigentliche Drama der Sünde dann seinen Höhepunkt erreicht, wenn wir meinen, uns vor

Gott verstecken zu müssen, sobald wir einen Fehler gemacht haben. Ein Leben lang sollten wir uns darum bemühen, immer tiefer in das Geheimnis hineinzuwachsen, dass nichts, aber auch wirklich gar nichts uns von seiner bedingungslosen, zuvorkommenden Liebe trennen kann, es sei denn, wir selbst wenden uns ab. Uns immer wieder neu bewusst machen, dass es tatsächlich *keinen* Grund gibt, uns nicht von ihm anschauen und heilen zu lassen, wenn wir uns in Lüge und Hass verstrickt haben.

VERTRAUEN

Mit dem Vertrauen ist es ja so eine Sache: Sie ist mehr als ein Hoffen oder Glauben, aber weniger als ein objektives Wissen. Wenn man jemandem vertraut, liefert man sich ein Stück weit aus und lässt sich ganz auf einen anderen Menschen ein. Man ist der Überzeugung, dass der andere es gut mit einem meint, dass er richtigliegt, richtig handelt, das Richtige sagt oder tut. Vertrauen fühlt sich gut an. Und warm. Wenn das Vertrauen jedoch enttäuscht oder missbraucht wird, sind meist Wut und Schmerz die Folge. Ich kenne nicht wenige Menschen, die große Probleme damit haben, sich überhaupt noch auf jemand anderen einzulassen. Mit dem Vertrauen ist es wirklich so eine Sache.

Ursula und ihre Mitschwestern imponieren mir sehr, denn sie vertrauen voll auf Gott und auf seine Führung. Das ist objektiv betrachtet eigentlich komplett verrückt. In einer Zeit, in der die meisten Menschen möglichst alles unter Kontrolle wissen wollen, in der wir Zahnzusatzversicherungen abschließen und uns vom Stromableser den Ausweis zeigen lassen, legen die Ordensschwestern ihr ganzes Leben in die Hände eines unsichtbaren und unbeweisbaren Gottes. Sie verschreiben sich ihm mit Haut und Haaren, sie opfern Kinderwünsche, intime Partnerschaften, berufliche Karrieren und den Traum vom frei stehenden Einfamilienhaus mit Jägerzaun und Carport. Aber gerade in dieser Verrücktheit sind mir die Schwestern ein großes Vorbild. „Das muss einfach wahr sein", denke ich dann manchmal. „Sie sind so überzeugt, so strahlend. Sie wissen um diesen Gott."

Ich selbst stehe mit allen möglichen Arten des Vertrauens auf Kriegsfuß. Ich vertraue einem anderen Menschen nur sehr langsam – er könnte ja ein Verbrecher sein, könnte mich nur ausnutzen wollen, könnte, könnte, könnte. Mein Selbstvertrauen ist ebenfalls nicht besonders ausgeprägt. Immer liege ich mit mir selbst im Krieg, bezichtige mich der Faulheit und Dummheit, glaube zu wissen, dass ich etwas sowieso nicht schaffen werde, und winke bei Erfolgen ab. „Ach, das kann doch jeder." Ich besitze nicht dieses Urvertrauen, dass Probleme sich auflösen werden, dass am Ende alles gut sein wird. Fehlanzeige. In meinem Kopf lösen selbst kleine Probleme riesige Katastrophen aus: Vielleicht bin ich der Schmetterling, dessen Flügelschlag am anderen Ende der Welt einen Sturm auslöst? In den alltäglichsten Situationen schleicht sich Misstrauen in meine Gedanken: Ich finde ein undichtes Rohr im Keller unseres 130 Jahre alten Hauses? „Oh mein Gott, bestimmt ist das Fundament seit Jahrzehnten unterspült worden, das Haus ist sicherlich einsturzgefährdet und ich werde den Rest meines Lebens unter einer Brücke wohnen müssen." Eine neutrale Reaktion eines Kunden auf einen Text von mir? „Oh mein Gott, bestimmt wird er mir nie wieder einen Auftrag geben und das wird sich rumsprechen und dann bekomme ich gar keine Aufträge mehr, das Haus wird zwangsversteigert und ich werde den Rest meines Lebens unter einer

Brücke wohnen müssen." Eine Urlaubsreise mit dem Auto nach Italien? „Oh mein Gott, bestimmt haben wir einen Unfall oder das Auto explodiert und wir kommen nie wieder nach Hause, weil die ADAC-Mitgliedskarte mit dem Auto verbrennt. Dann werden wir den Rest unseres Lebens unter einer Brücke wohnen müssen. Einer italienischen Brücke."

So halt. Immer!

Da mögen die Schwestern in ihrem Gottvertrauen noch so große Vorbilder sein – wenn es problematisch wird, fällt es mir schwer, auf den Allerhöchsten zu setzen und mich dem Glauben hinzugeben, dass er es schon richten wird. Nein, bei Problemen werde ich eher zum Einzelkämpfer. Wenn es am Ende schlecht ausgeht, weiß ich dann zumindest, dass ich es selbst verbockt habe.

Ich weiß natürlich, dass diese Haltung ein zweischneidiges Schwert ist. Klar, wenn ich niemandem vertraue, und Gott schon gar nicht, werde ich mit ziemlicher Sicherheit auch nicht enttäuscht werden. Gleichzeitig stehe ich aber auch verdammt einsam in der Gegend herum, wenn fast niemand so richtig an mich herankommen darf. Deshalb frage ich mich schon, woher dieses Vertrauen der Gläubigen in Gott kommt. Ist es in einem drin, von Geburt an, wie die Farbe der Haare und die Neigung zu Sommersprossen? Sind es frühkindliche Erfahrungen, die das Vertrauen prägen? Irgendwelche dramatischen Erweckungserlebnisse, mit Blitz und Donner und brennenden Dornbüschen? Oder ist es letztendlich nur der ganze Weihrauch, der die Sinne benebelt und den Gläubigen ein kunterbuntes Himmelreich Gottes auf Erden beschert?

Ich hoffe, dass es nichts von alldem ist. Ich hoffe darauf, dass die Ordensschwestern ihr Vertrauen im Laufe der Jahre eingeübt haben. Ich hoffe darauf, dass auch sie immer wieder zweifeln und sich fragen, ob dieser Gott wirklich ist. Und ich hoffe darauf, dass ihr Vertrauen in Gott sich aus der Welt speist, die uns alle umgibt. Aus den Jahreszeiten, aus den Begegnungen mit anderen Menschen, aus dem Radio, aus der Bibel und dem Gebet, aus dem ICE und dem Stau auf der A3. Denn das würde bedeuten, dass wirklich jeder lernen kann, Gott zu vertrauen. Gott und anderen Menschen. Sogar sich selbst.

● ○

Da ich gerne Katzen mag, hatte ich mich vor einiger Zeit auch darüber gefreut, als ich die Aufgabe bekam, mich um eine besonders zauberhafte Vertreterin dieser Spezies – namentlich Mieze – zu kümmern, die wir einige Wochen lang in Pflege hatten. Zu meinem großen Bedauern war dieses Geschöpfchen jedoch überaus scheu. Tag für Tag stellte ich ihr Futter und Wasser hin, aber es kam nur äußerst selten vor, dass sie mir dabei über den Weg lief. Und war sie zufällig doch im Raum, als ich zu ihr hineinkam, verließ sie ihn fluchtartig, als wolle ich ihr etwas Böses. Wochenlang änderte sich an ihrem Verhalten nichts, und ich versuchte schon gar nicht mehr, auf irgendeine Weise mit ihr Kontakt aufzunehmen. Doch nachdem ich mich schon ganz demütig in meine Rolle als Dosenöffnerin gefügt hatte, änderte sich plötzlich etwas an ihrem Verhalten. Anstatt bei meinem Anblick sofort panisch die Flucht zu ergreifen, traute sich Mieze an einem Abend doch tatsächlich todesmutig, vor meinen Augen zu fressen. Also blieb auch ich da, setzte mich eine Weile neben sie und schaute ihr zu. So ging das einige Abende: Mieze fraß und ich durfte zuschauen. Wenige Tage später dann war es so weit: Ich füllte den Futternapf und hatte mich kaum nichts ahnend hingesetzt, als Mieze mir unvermittelt auf den Schoß sprang und sich dort einkuschelte. Das Eis war gebrochen und sie ließ sich von mir kraulen, als sei es das Selbstverständlichste der Welt. Es mag verrückt klingen, aber dieser Moment, in dem dieses ängstliche Tier plötzlich ein solches Zutrauen zu mir aufgebaut hatte, hat mich zutiefst berührt.

Ich genieße Vertrauen. Das spüre ich immer wieder. Ja, ich genieße es, wenn andere Menschen mir Vertrauen schenken und sich mir beispielsweise in einem Seelsorge-Gespräch anvertrauen. Umgekehrt genieße ich es ebenso, wenn ich spüre, dass ich selbst jemandem absolut vertrauen kann. Immer, wenn Vertrauen im Raum ist, habe ich das Gefühl, dass etwas Großes, Heiliges geschieht. Vertrauen wärmt, schenkt Kraft und lässt innerlich aufblühen. Also: Vertrauen ist großartig! Hiermit könnte dieses Kapitel auch schon zu Ende sein, gäbe es da nicht – wie so oft – leider auch die Kehrseite der Medaille, das „Kleingedruckte", welches uns immer wieder leiden macht.

Je mehr ich einem Menschen vertraue, umso mehr zeige ich mich ihm ungeschützt mit allem, was mir auf der Seele liegt. Im Bild gesprochen heißt das, dass ich mich jeglicher Rüstung entledige und entwaffne, sobald ich den Raum des Vertrauens betrete. Und so ist es klar, dass mit einem größer werdenden Vertrauen gleichzeitig auch meine Verletzlichkeit zunimmt und der andere mir deutlich mehr schaden kann, als wenn ich mein Inneres vor ihm schütze. Die Wunden, die ein Vertrauensbruch schlägt, gehen tief und sind – wenn überhaupt – nur schwer zu heilen.

Es ist interessant, Tag für Tag führe ich Gespräche mit ganz unterschiedlichen Menschen – ob jung oder alt, ob fromm oder atheistisch, ob mutig oder angstbesetzt, krank oder gesund: Noch nie hat mir ein reflektierter Mensch gegenübergesessen, der von sich selbst sagen konnte: „Ich habe genug Vertrauen, in dieser Hinsicht ist alles bestens bei mir." Im Gegenteil, gerade in schwierigen Lebenssituationen wird sehr häufig die Sorge thematisiert, dass das Vertrauen möglicherweise nicht reichen wird, diesen oder jenen Schritt zu gehen. „Ich wünsche mir so sehr, einfach mehr vertrauen zu können" – diese oder ähnliche Sätze höre ich in Gesprächen oft. Und hier kommt ein zweiter Aspekt ins Spiel, der dem Thema Vertrauen eine Schwere verleiht: die schmerzende Diskrepanz zwischen dem Vertrauen-Wollen und Nicht-vertrauen-Können. Wir alle spüren, dass im Leben ein Mindestmaß an Vertrauen erforderlich ist, um voranzuschreiten und Lebendigkeit zu erfahren. Auf der anderen Seite jedoch gibt es viele Menschen, denen es – bedingt durch frühere Verletzungen oder ihre charakterliche Prägung – unendlich schwerfällt, Gott oder anderen Menschen gegenüber auch nur einen Hauch von Vertrauen aufzubauen. Je folgenschwerer die Entscheidung, je verletzlicher ich mich in einer Beziehung mache, je mehr Enttäuschungen ich in meinem Leben bereits erfahren habe, umso mehr gehört dazu, den Sprung ins Vertrauen zu wagen.

Im 12. Kapitel des Markusevangeliums ist uns eine kleine Geschichte überliefert, die für mich persönlich sehr tröstlich ist. Dort wird erzählt, wie Jesus im Tempel beobachtet, dass viele Reiche viel Geld in den Opferkasten werfen. Aber dann sieht er mitten im Gewühl auch eine arme Witwe, die ebenfalls zum Opferkasten kommt und dort zwei kleine Münzen hineinwirft. Jesus sieht sie, ruft seine Jünger zu sich und sagt: *„Diese arme Witwe hat mehr in den Opferkasten hineingeworfen als alle andern. Denn sie alle haben nur etwas von ihrem Überfluss hergegeben; diese Frau aber, die kaum das Nötigste zum Leben hat, sie hat alles gegeben, was sie besaß, ihren ganzen Lebensunterhalt."*[11]

Von außen betrachtet hat diese Witwe zwar ein unglaublich großes, geradezu unvernünftiges Vertrauen aufgebracht, als sie ihren ganzen Lebensunterhalt, ihr „Alles", in den Opferkasten wirft. Dennoch bin ich mir sicher, dass sie, die von Jesus dafür ein solches Ansehen erfährt, höchstwahrscheinlich nicht das Gefühl hatte, mit ihren zwei kleinen Münzen besonders viel gegeben zu haben. So mag es uns selbst zuweilen vielleicht auch ergehen. Wenn uns auch manchmal der Gedanke bedrückt, so gut wie nichts in die Waagschale werfen zu können, so dürfen wir uns doch sicher sein, dass jede auch noch so kleine Münze zählt und von Gott gesehen wird.

Ich habe in meinem Leben schon viele beeindruckende Menschen kennengelernt, die zwar bedingt durch ihre Lebensgeschichte eher misstrauisch veranlagt, aber dennoch in der Lage waren, mit einem gefühlt winzigen Vertrauen große Schritte zu setzen.

Machen wir uns nichts vor: Es kostet eine Menge, den dafür notwendigen Mut aufzubringen, doch dieser innere Einsatz macht sich am Ende dadurch bezahlt, dass unsere Lebensqualität geradezu Quantensprünge macht, wenn wir uns vertrauensvoll auf Menschen und neue Situationen einlassen, statt uns selbst einzukerkern in Ressentiments und Vorbehalten. Vertrauen kann wachsen, indem ich Erfahrungen mache, die mir zeigen, dass es sich lohnt, Vertrauen zu riskieren. Und gleichzeitig ist es wichtig, mich selbst innerlich niemals zu überfordern, sondern ganz bewusst das je eigene Maß an Vertrauen zu erspüren, welches ich in großer Freiheit schenken kann und will.

Katze Mieze hat also alles richtig gemacht: Sie hat sich Zeit genommen, herauszufinden, ob ich vertrauenswürdig bin, und sich dann nach ihrem Maß in ihrem Tempo immer mehr getraut, Nähe zuzulassen. Und am Ende sind wir beide dann tatsächlich Freunde geworden, wer hätte das gedacht? Vertrauen ist großartig. So großartig, dass sogar die kleinste Dosis genügt, um eine ungeahnte Wirkung zu erzielen.

FREUNDSCHAFT

Vor einiger Zeit ging auf Twitter ein Tweet um die Welt, den ich absolut witzig und treffend fand. Da schrieb der User @Mormonger: „Nobody talks about Jesus' miracle of having 12 close friends in his 30s." (Niemand spricht über das Wunder, dass Jesus in den 30ern 12 enge Freunde hatte.) Mehr als 440 000 Nutzern favten den Tweet – machten auf Twitter also das, was man bei Facebook „liken" nennt. Sie drückten den „Gefällt mir"-Button.

12 enge Freunde mit Mitte 30 zu haben, erscheint mir wirklich wie ein Wunder. In meinem Bekanntenkreis würde wahrscheinlich niemand von sich behaupten, 12 Freunde um sich scharen zu können. 12 Arbeitskollegen, klar. 12 Bekannte aus Nachbarschaft, Kita oder Schule: kein Problem. Ehemalige Kommilitonen, die man zweimal im Jahr sieht, auch gut. 12 Sportskameraden, Facebook-Freunde oder Follower auf Twitter sowieso. Aber echte Freunde? Nein. Dazu haben wir ja alle überhaupt keine Zeit. Neben den Kindern, dem Job, Umzügen und Auslandaufenthalten bekommen wirklich nur ganz exklusive Freundschaften einen kleinen Timeslot: Sandkastenfreundschaften, die seit Jahrzehnten bestehen, Trauzeugen, Paten der Kinder, Spender von Nieren, Lebern oder Stammzellen. Ansonsten fällt es vielen von uns schwer, Freundschaften zu pflegen.

Bei mir selbst sieht es nicht besser aus, denn der Kreis meiner wirklich guten Freunde, also der Personen, bei denen ich um

4 Uhr morgens in einer schweren Lebenskrise und hochgradig betrunken auf der Fußmatte stehen könnte, ist sehr, sehr klein. Ich weiß, dass man generell ja nur eine Handvoll wirklich richtig guter Freunde hat, aber wenn ich meine Ehefrau abziehe, die sowieso auch meine beste Freundin ist, bleibt nur ein Rest, den auch ein an der Kreissäge verunfallter Schreiner locker an einer Hand abzählen könnte.

Manchmal denke ich, dass diese geringe Anzahl an Freundschaften in meinem Bekanntenkreis ganz normal für unsere Altersgruppe ist. Denn mal ehrlich, selbst wenn man die Zeit hätte, Freundschaften zu pflegen: Wo kann man sie denn noch finden und schließen, wenn man erst einmal Schule und Uni hinter sich gelassen hat? Am Arbeitsplatz, im Sportverein, in der Nachbarschaft oder auf Partys von Bekannten, klar. Aber, gesetzt den Fall, man findet eine Person sympathisch und könnte sich eine Freundschaft tatsächlich vorstellen, so richtig nah wie in der Kindheit und Jugend lassen wir als Erwachsene doch nur selten jemanden an uns heran.

Was vielleicht ungewöhnlich ist: Die wenigen Menschen, die ich dann doch in mein Leben gelassen habe, sind allesamt Freundinnen. Eine echte Männerfreundschaft fehlt in meinem Alltag. Da gibt es keinen männlichen Buddy, mit dem ich über das Leben philosophieren kann. Und manchmal vermisse ich all die typischen und schönen Klischees: Zwei Kerle mit einer Flasche Bier am Strand, die schweigen, weil sie sich auch ohne Worte verstehen und weil Kerle generell ja nicht viel reden müssen. Zwei Freunde, die sich bei Umzügen helfen oder gemeinsam an einem Oldtimer herumschrauben. Die rumalbern und sich wie kleine Jungs benehmen. Die den jeweils anderen viel zu gut kennen. Die über verkorkste Liebesbeziehungen und absurd falsch gelaufene Dates lachen. Und die wissen, dass sie sich auch in zwanzig Jahren aufeinander verlassen können. Das liest sich jetzt ein wenig wie das Setting eines Bier-Werbespots von Jever, aber, verdammt noch mal, genau das vermisse ich.

Frauen haben es da vielleicht etwas einfacher, da klappt das Befreunden besser. Wir Männer bleiben eher sprachlos und allein. Aber so schade ich das auch finde, aus meiner männlichen Haut komme ich nicht so richtig heraus. Und irgendwie genüge ich mir ja auch selbst. Ich leide nicht, wenn ich niemanden um mich herum habe. Im Gegenteil, wenn ich leide, dann meist, weil da zu viele Menschen sind. Weil sie zu laut reden, zu affektiert lachen, komisch atmen, idiotische Musik hören, romantische Komödien mit Drew Barrymore sehen oder Actionfilme mit Vin Diesel.

Ich kann wirklich gnadenlos im Abwerten wildfremder Menschen sein. Das ist natürlich keine gute Voraussetzung, um neue Freundschaften zu knüpfen. Aber ein leise sprechender, nicht atmender Musikkenner und Arthouse-Fan – da käme ich in Versuchung.

Die letzten Absätze sind natürlich überspitzt formuliert, doch ein Fünkchen Wahrheit wohnt ihnen tatsächlich inne. Und ich kann mit diesem Teil meiner Persönlichkeit auch ganz gut leben. In meiner Rolle als Christ macht er mir allerdings ein ziemlich schlechtes Gewissen. Schließlich steht gerade die Kirche für Gemeinschaft, für Begegnungen und Austausch. Gottesdienste, Hauskreise und Gemeindefeste. Kuchen backen, das Gemeindehaus streichen und den Grill beim Treffen der Pfadfindergruppe beaufsichtigen. Das gehört ja alles dazu.

Kann man als Einzelgänger überhaupt ein guter Christ sein? Kann man ohne Gemeinde ein guter Christ sein? Ohne das Bedürfnis nach Gemeinschaft? Oder ist das ein elementarer

Bestandteil des Glaubens: sich anderen zu öffnen, anderen zu helfen, anderen zu begegnen?

Vielleicht ist mein Bedürfnis nach Gemeinschaft und Freundschaft auch nur so leise geworden, dass ich es nicht mehr spüren kann. Vielleicht müsste ich es einfach wieder in der Gemeinschaft üben. Vielleicht ist sie nicht bloß ein Geschenk, sondern ebenso eine Aufgabe? Ein Auftrag Gottes, sich mit den anderen auseinanderzusetzen. Und zusammenzusetzen. Gemeinsam mit anderen einen neuen Schuppen zu bauen oder die Holzstühle des Gemeindehauses zu reparieren. In einer Männergruppe für mein Alter zum Beispiel. Mit Schweiß und Bier und Ernsthaftigkeit. Vielleicht wird es in den kommenden Jahren ja zu einer Renaissance der Geselligkeit kommen und die Menschen meiner Generation haben genug vom Alleinsein und oberflächlichen Bekanntschaften. Von der Rastlosigkeit durch den Beruf. Von dem Bedürfnis nach Karriere, dem alles andere untergeordnet wird. Wenn die Amtskirche und die Gemeinden dann auf Zack sind, könnten sie mich einfangen. Und vielleicht wird aus mir dann doch noch ein guter Christ. Oder es klappt sogar mit der Männerfreundschaft. Wer weiß.

● ○

„Oh wie cool, krieg ich dann deine schwarze Bogner-Jacke?" – über diese Spontanreaktion auf die Ankündigung meines Klostereintritts könnte ich mich auch Jahre später noch kaputtlachen. Sie kam von meiner Freundin Elli. Unsere Kennenlern-Geschichte ist ähnlich originell: Im März 1996 verbrachten wir beide in der Fastenzeit mehrere Wochen in Taizé. Beim ersten Abendessen kamen wir ins Gespräch, und das ging in etwa so:

Sie: „Und, wo kommst du her?" Ich: „Aus dem Saarland." Sie: „Ah, da wohnt ein Freund von mir, den ich auch aus Taizé kenne." Ich: „Ah, wie heißt der denn? Vielleicht kenne ich ihn ja auch!" Sie: „Thomas, er kommt aus St. Ingbert." Ich: „Oh ja, den kenn ich, mit Thomas aus St. Ingbert war ich über Silvester beim Jugendtreffen in Breslau!" Sie: „Hä??? Ich auch!" Ich: „Wir sind mit dem Nachtzug gefahren, und es war so kalt, dass am Morgen die Scheiben von innen gefroren waren." Um es kurz zu machen: Am Ende dieses unvergesslichen Dialogs stellte sich heraus, dass wir tatsächlich erst drei Monate zuvor volle 14 Stunden miteinander im gleichen Schlafwagenabteil verbracht hatten! Es war wohl der Tatsache geschuldet, dass wir uns während der ganzen langen Fahrt gegenseitig derart uninteressant fanden, dass unser beider Personengedächtnis die logische Konsequenz zog: „Dieses Gesicht musst du dir nicht merken."

Beim zweiten Mal nicht mehr – und so entwickelte sich im Laufe der vier Wochen, die wir damals in Taizé verbrachten, eine richtige Freundschaft. Von allen, die jemals an den Jugendtreffen teilgenommen haben, waren wir natürlich die Coolsten. Saßen stundenlang auf einer Mauer an der Straße, beobachteten die vorbeigehenden Leute und verteilten Prozentpunkte. 100 Prozent Taizé-Style bedeutete: Birkenstock-Sandalen, langer gebatikter Rock, lange Haare, langes T-Shirt, Bibel unter dem Arm und leicht verklärter Blick. Wurde etwa statt des Rocks nur eine Jeans getragen, gab es bereits empfindlichen Punktabzug, maximal 80 Prozent, je nach Gesamteindruck. Um es kurz zu machen: Wir waren ziemlich unmöglich! Heute denke ich, dass dieses fragwürdige Verhalten unser beider „Ritterrüstung" war, die wir zu unserem Schutz anzogen, um uns nicht eingestehen zu müssen, wie ernst es uns mit unserer Gottes-Suche war.

Als ich fast 10 Jahre später für mich die Entscheidung getroffen hatte, ins Kloster zu gehen, fuhr ich nach Taizé, um es Elli zu erzählen, die gerade ein ganzes Jahr dort lebte und mitarbeitete. Ihre erste Reaktion habe ich oben beschrieben, kurz darauf gestand sie mir jedoch, dass sie selbst gerade auf dem Weg sei, zu konvertieren und in die katholische Kirche einzutreten. Auch wenn wir uns im Laufe der Jahre ein wenig aus den Augen verloren haben, bin ich mir ziemlich sicher, dass wir jederzeit wieder an diese Zeit anknüpfen könnten und gemeinsam eine Menge verrückter Dinge anstellen würden.

Freundschaften sind Zweck-los. Womöglich ist es genau das, was mir diese Beziehungsform so kostbar macht. In einer Partnerschaft oder Ehe – übrigens genau wie auch im Gemeinschaftsleben – geht es vor allem darum, aneinander zu wachsen und die Beziehung fruchtbar zu machen. Unter Kollegen liegt der Fokus auf Produktivität und Leistung, auch als Vereinskameraden verfolgt man meist gemeinsame Anliegen und Ziele. Eine Freundschaft aber „braucht" man zunächst einmal nicht – weder, um sich zu vermehren, noch, um miteinander Großes zu leisten, und auch nicht, um in dieser Welt überhaupt zu überleben. Und trotzdem: Wenn das Leben der Kuchen ist, dann ist eine gute Freundschaft für mich das Sahnehäubchen. Alles „schmeckt" besser, wenn mir ein Freund, eine Freundin geschenkt ist.

Die Begegnung mit guten Freunden ist für mich der „gewaltfreie" Raum meines Lebens schlechthin. Es gibt so viele alltägliche Situationen, in denen ich gefordert bin, eine Rolle zu erfüllen habe und mich entsprechend am Riemen reißen muss. Eine albern kichernde Schwester im Morgenimpuls wäre wohl eher fragwürdig als inspirierend. Umgekehrt wäre es im Seelsorgegespräch sicher nicht besonders hilfreich und professionell, wenn ich meinen

Tränen freien Lauf ließe, sobald mich eine Lebensgeschichte erschüttert. Diese Selbstdisziplinierung ist im Alltag an der Tagesordnung, und manchmal ertappe ich mich sogar dabei, dass ich mir innerlich regelrecht Gewalt antue, indem ich wieder einmal eine innere Regung wegschiebe, weil sie mir aus irgendwelchen Gründen gerade unangebracht erscheint.

Mit meinen Freunden aber darf ich albern, verrückt und unvernünftig sein, ganz genauso wie traurig, frustriert oder lustlos. Im freundschaftlichen Miteinander erlebe ich etwas, das zunächst widersprüchlich erscheint: Ich vergesse mich selbst, verschwende keinen Gedanken daran, wie ich wirke – und kann dadurch mehr denn je ich selbst sein. Eine besonders große Freude ist es, wenn ich manchmal spüre, dass meine Freunde gerade die Seiten an mir lieben und aufleben lassen, die mir persönlich eher unangenehm sind und so gar nicht vorzeigbar scheinen. Alles ist erlaubt im Raum einer guten Freundschaft!

Übrigens: Wenn ich so über mein Erleben von guten Freundschaften schreibe, dann schwingt für mich immer und vor allem auch DIE Freundschaft meines Lebens mit. In der Person Jesu Christi hat Gott uns seine Freundschaft angetragen, in Ihm ist Gott selbst uns Menschen auf Augenhöhe begegnet. Die beiden Evangelisten Matthäus und Lukas erzählen davon, dass Jesus darüber berichtet, wie die Menschen seiner Zeit über ihn herziehen: „Dieser Fresser und Säufer, dieser Freund der Zöllner und Sünder."[12] Diese Worte lassen vermuten, dass er zum einen garantiert kein Kind von Traurigkeit war und sich zum anderen höchst zweifelhaften Individuen zum Freund gemacht hat – ungeachtet seines eigenen guten Rufes.

Jesus Christus ist für mich die große Einladung Gottes, der Beziehung zu Ihm, dem doch eigentlich Unnahbaren, einen freundschaftlichen Rahmen zu geben. Wenn es daher eine geistliche

Übung gibt, die mir in meinem (Gebets-)Leben wichtig geworden ist, dann ist es, mich Ihm *ganz* zu zeigen, so wie ich bin – und das fällt erfahrungsgemäß nicht immer leicht.

Und so ist auch das Gebet – für mich persönlich die „Freundschaftspflege" mit Gott – zunächst einmal Zweck-los. Ich bin davon überzeugt: Sobald ich mich im Gebet auf die „Wenn-dann-Schiene" begebe, sobald ich versuche, durch mein Gebet irgendetwas zu bezwecken oder mich irgendwie darzustellen, verlasse ich den Raum der Freundschaft und begebe mich – bewusst oder unbewusst – in die Knechtschaft. „Ich nenne euch nicht mehr Knechte; denn der Knecht weiß nicht, was sein Herr tut. Vielmehr habe ich euch Freunde genannt; denn ich habe euch alles mitgeteilt, was ich von meinem Vater gehört habe", so die Worte Jesu, die uns im Johannesevangelium überliefert sind.[13] In Jesus Christus ist uns ein Freund zur Seite gestellt, der uns in seiner absichtslosen Liebe das Wesen Gottes offenbart und uns Anteil gibt an seinem Wesen. Er lädt uns umgekehrt ein, uns Ihm mit allen Regungen unserer Seele anzuvertrauen, in seiner Gegenwart zu verweilen, uns von Ihm anschauen zu lassen in unserer ganzen Wirklichkeit. Beten bedeutet für mich, diese Einladung ganz bewusst anzunehmen und vor Gott zu *sein*, nicht mehr, aber auch nicht weniger.

SEX

Lustfeindlich! Ich glaube, dieser Begriff schießt vielen Menschen als Erstes durch den Kopf, wenn sie versuchen, die Begriffe Sex, Glauben und Gott unter einen Hut zu bringen. Diesbezüglich haben die beiden großen christlichen Kirchen über Jahrhunderte hinweg ganze Arbeit geleistet. *Amoris laetitia* hin oder her:

Sachen, die richtig viel Spaß machen, sind den Kirchenvätern meist ein Dorn im Auge und als Sünden verpönt. Selbst wenn man verheiratet ist. Und das ist so unendlich schade. Für die Kirchen. Den Gläubigen ist die Lehrmeinung der Kirche nicht selten komplett egal. Wenn Lust und Leidenschaft im Anmarsch sind, dann lassen sich nur wenige vom Begriff der Sünde stoppen. Und zur Not geht der geständige Katholik am Samstagnachmittag zur Beichte und alles ist wieder schön. Die Schere zwischen 2000 Jahre altem Regelwerk und der zeitgenössischen Lebenswirklichkeit ist allerdings so weit auseinandergedriftet, dass die Kirchen sowieso nicht mehr als hilfreiche Instanzen wahrgenommen werden, wenn es um die Leiblichkeit geht.

Dabei könnte es so einfach sein: Sex ist toll! Ob allein, zu zweit, zu dritt oder viert, ob homo- oder heterosexuell, ob im Schlafzimmer oder Swingerklub, ob angekettet, im Dienstmädchenkostüm oder Latexanzug, ob verheiratet oder als namenlose Fremde. Wenn Menschen Spaß daran haben und sich einig sind, sollen sie machen. Und am besten möglichst viel davon!

In der BDSM-Kultur, also in jenen Kreisen, in denen es um Dominanz und Unterwerfung, Sadismus und Masochismus geht, gibt es ein ebenso einfaches wie eindeutiges Regelwerk. Alles ist erlaubt, wenn es *safe, sane and consensual* ist. *Sicher, vernünftig und einvernehmlich.* So einfach kann das sein. Und so einfach könnte es doch auch für die Kirchen sein, wenn sie interpretatorisch etwas freier an die Bibel herangehen würden. Vielleicht geht es bei Onan in der Wüste ja überhaupt nicht ums Masturbieren, sondern darum, dass er keine Lust hatte, mit einer Frau zu schlafen, die er nicht liebte? Aber warum strafte ihn Gott dafür mit dem Tod?[14] Und vielleicht geht es beim Mann, der nicht beim Knaben liegen soll[15], auch nicht um die Gleichgeschlechtlichkeit, sondern darum, dass ein Erwachsener nicht mit einem Kind schlafen soll. Das sollte Gott in der Tat ein Übel sein.

Andere Religionen bekommen die Verbindung zwischen Leiblichkeit, Spiritualität und Alltag deutlich besser hin als wir Christen. Im Judentum ist der Rabbi ein Ansprechpartner in allen Lebenslagen, der frisch verheirateten Paaren auch Tipps für ein harmonisches und erfülltes Sexualleben geben kann – nicht zuletzt, weil er selbst verheiratet ist. Und Buddhismus und Hinduismus zeigen mit ihrer Tantra-Praxis, dass Sexualität auch als heilige Wiederholung des Schöpfungsaktes zelebriert werden kann.

Für mich spielen Gott und Glauben in der Sexualität keine Rolle. Wenn er uns Menschen erschaffen hat – oder irgendwann einmal den Impuls gab, dass wir uns evolutionär zu dem entwickelten, was wir heute sind –, wenn diese Körper also letztendlich ein Geschenk Gottes sind, warum sollte ich meinen Körper, der mir so viel Freude schenken kann, nicht nutzen? *Safe, sane and consensual*, keine Frage.

Ich will die christlichen Kirchen gar nicht ausschließlich verurteilen, denn ich denke, dass das Regelwerk mit all den Sünden und Geboten zum Schutz des Menschen formuliert wurde. Damit er sich nicht verliert. Grenzen sind nötig, damit wir nicht zu Tieren werden. Und mit der Freiheit über unseren Körper haben wir auch eine Verantwortung bekommen. Nicht alles, was mir kurzfristig einen Lustgewinn beschert, ist wirklich gut für mich und meine Seele. Und natürlich ist der Sex mit dem Menschen, den man liebt, etwas ganz Besonderes, Inniges und vielleicht sogar Göttliches. Aber auch Sex allein kann ganz wunderbar sein. Und manches, was ich in der Vergangenheit tat, war zu jenem Zeitpunkt auch okay, selbst wenn ich es heute – mit zeitlichem Abstand – anders betrachte. Aber Probieren geht über Studieren und ich denke, insbesondere in der Sexualität sollte man möglichst viel ausprobieren.

Wenn man auf sich und seine Seele achtet, wenn man seine Grenzen erkennt und den anderen respektiert, wenn man der Welt ein guter Mensch ist und sich an seinem Körper erfreut, was sollte Gott daran verwerflich finden? In meiner Vorstellung, in meinem Gottesbild, freut er sich. Mit mir.

Und Gott sah, dass es gut war.[16]

● ○

Irgendwie ist es ja schon ein wenig seltsam. Wo immer wir ehelos lebenden Menschen in der Öffentlichkeit auftreten, sei es, wenn man im Habit auf der Straße unterwegs ist, sei es in Diskussionen, im Grunde steht – offen ausgesprochen, milde belächelt, primitiv verhöhnt oder auch peinlichst verschwiegen – immer ein Thema im Raum: unsere Sexualität.

Das fiel mir beispielsweise vor einiger Zeit auf, als es sich der Moderator einer Podiumsdiskussion mit Ordensleuten am Ende der Veranstaltung nicht nehmen ließ zu fragen: „Wie bekommen Sie denn Ihre Sexualität in den Griff?" – wobei erwähnt werden sollte, dass das ursprüngliche Diskussionsthema ein völlig anderes war.

Ich musste doch sehr um eine dem Anlass angemessene Contenance ringen, als ein durch nichts zu erschütternder alter Benediktiner ohne eine Miene zu verziehen antwortete: „Na, überhaupt nicht! – Gott sei Dank ..."

„Wie bekommen Sie denn Ihre Sexualität in den Griff?" – diese Frage ist für mich bezeichnend. Den allermeisten Menschen erscheint es wohl tatsächlich so, dass wir mit dem Eintritt in einen Orden unsere Sexualität an der Klosterpforte ablegen müssen.

Doch wie katastrophal es sich auf Leib und Seele eines Menschen auswirkt, diese schöpferische Lebenskraft einfach unter falsch verstandenen Idealen zu begraben, das können all die erzählen, die es einmal über längere Zeit versucht haben. Wie es der Benediktiner sagte: Gott sei Dank bekommen wir sie eben nicht in den Griff! Es ist schlicht unwürdig, wenn so etwas Heiliges wie unsere Sexualität zu einem Problem degradiert wird, das man irgendwie zu lösen hat – schließlich ist sie doch eine gottgewollte vitale Kraft, sie ist Kreativität, Feuer, Leidenschaft. Wenn wir sie abspalten, werden wir lau, weder heiß noch kalt, wir verlieren unsere Attraktivität und werden zu Menschen, deren Unzufriedenheit man schon auf den ersten Blick wahrnehmen kann.

Trotzdem bleibt natürlich die berechtigte Frage, wie man gerade in unserer Lebensform ganz Frau, ganz Mann sein kann, ohne dabei wesentliche Aspekte des Menschseins auszuklammern. Wie es gelingt, wirklich innerlich frei, absichtslos zu leben und zu lieben, statt die sich in uns regenden Bedürfnisse auf Schleichwegen zu befriedigen. Natürlich haben wir im Kloster unsere Sexualität auf andere Weise zu gestalten, als das in einer Partnerschaft möglich ist – und es kann manchmal durchaus ein Kampf sein, nicht zur Marionette der eigenen Triebe zu werden. Aber ich weiß, dieser Kampf ist nicht nur uns in unserer Lebensform zugemutet, sondern ganz genauso auch jedem Menschen, der in Treue seinen Weg in einer Ehe oder Partnerschaft gehen möchte.

In Zeiten, in denen uns in den Medien vorgegaukelt wird, dass immer wechselnde Beziehungen selbstverständlich zum Leben dazugehören, frage ich mich manchmal sogar, ob wir Menschen denn überhaupt von Natur aus treu sein können. Zumal ich um mich selbst weiß – auch ich kann mich letztlich für nichts verbürgen, obwohl ich mich sehr danach sehne, auf meinem eingeschlagenen

Weg in Treue und Klarheit weiterzugehen. Mein einmal mit Begeisterung gegebenes JA-Wort Tag für Tag einzulösen, dazu bedarf es ohne Zweifel einiger Disziplin und großer Wachsamkeit. Auch meine leidenschaftliche Beziehung zu Christus, die mich diesen Weg einschlagen ließ, steht immer in der Gefahr, zu „verwässern", alltäglich und mühsam zu werden.

Umgekehrt ahne ich, dass wahres, unverbrüchliches Glück im Leben zu finden ist, wenn ich entschieden und treu lebe, dafür Sorge trage, dass das Feuer der ersten Liebe nicht erstickt wird im Vielerlei der Sinneseindrücke. Immer mehr wird mir bewusst: Letztlich ist es doch auch von Gott geschenkte Gnade (um einmal dieses abgedroschene Wort zu benutzen), in Treue einen Weg gehen zu können – und „*selbst wenn wir untreu sind, bleibt ER doch treu, denn ER kann sich selbst nicht verleugnen*"[17], wie es schon der Hl. Paulus im Brief an Timotheus formulierte.

Ich bin überzeugt: Wenn es letztlich um eines geht, dann ist es, sich Tag für Tag in jeder Situation angstfrei dieser Gnade zu öffnen, in seiner Liebe zu bleiben, von der wir alles erwarten dürfen. So sind wir, ohne irgendetwas im Griff haben zu müssen, *ganze* Menschen, die sich mit Leib und Seele, Haut und Haaren diesem unbegreiflichen, verrückt liebenden Gott verschrieben haben.

WÜSTE

Die Wüste ist mir Metapher. Ein Bild für etwas Dunkles, Bedrohliches. Für etwas, das unaufhörlich wächst und wuchert. Sie ist wie ein schwarzer Angstfleck auf meiner Seele.

Für mich ist die Wüste lediglich die Idee einer Landschaft, was wahrscheinlich daran liegt, dass ich noch nie dort war. Ich habe nie erlebt, wie kalt es in der Nacht ist, wie sich die Sonne auf der Haut anfühlt. Ich habe nie den brennenden Sand in den Augen gespürt. Als realer Ort bleibt mir die Wüste fremd.

Die Stimmung, die diese weite, karge Landschaft in mir auslöst, ist mir jedoch eine alte Bekannte. Sie bedeutet für mich Leere und Abwesenheit. In der Wüste gibt es kein Wasser, keinen Schatten, keinen Menschen. Ich assoziiere nichts Positives mit ihr. Und es scheint vielen Menschen ähnlich zu gehen, denn einen guten Ruf hat dieses Niemandsland wahrlich nicht: Wir „schicken jemanden in die Wüste", wenn wir ihn nicht mehr sehen wollen. Die Plattenbauten in den Trabantenstädten nennen wir „Betonwüste". Und wenn etwas nicht läuft, liegt es nicht selten am „Sand im Getriebe". Trotz Walt Disneys „Die Wüste lebt" bleibt sie für mich eine dunkle Bedrohung.

Sie bringt mich an die Grenzen meiner Vorstellungskraft: Die Sahara ist ungefähr so groß wie die USA. Deutschland könnte man 26-mal nebeneinander auf die Stein-, Geröll- und Sandfläche legen. 26-mal Deutschland. Mit nichts als Steinen, Sand und Geröll. Aber selbst dieser Vergleich ist nichts als eine Annäherung. Setze dich auf eine Düne, nimm eine Handvoll Sand, denke an ein einzelnes Sandkorn, schaue dich um und du hast eine Idee von Unendlichkeit in dir. Von einem Weltall aus Staub.

Auch wenn ich weiß, dass es in der Wüste hoch spezialisierte Tiere und Pflanzen gibt – wahre Überlebenskünstler – und dass das Leben nach dem seltenen Regen explosionsartig aufblüht, die Wüste bleibt für mich eine Metapher für den Tod, für die ultimative Prüfung.

Außerdem stellt sich mir bei all der lebensfeindlichen Leere die Frage nach dem Sinn. Schließlich ist ja alles auf diesem

Planeten irgendwie sinnvoll: Das gefallene Laub im Herbst düngt den Boden, damit die Bäume wachsen und Sauerstoff produzieren können, der von Tier und Mensch gleichermaßen in Kohlendioxid umgewandelt wird. Über dem Meer entstehen Wolken, die das Land mit Regen versorgen, damit dort Pflanzen wachsen, von denen sich dann wieder Tiere ernähren können. Alles ist miteinander verbunden, alles erfüllt irgendeinen Zweck.

Die Wüste spielt in diesem Kreislauf auf den ersten Blick keine Rolle. Sie entzieht sich einer sichtbaren Funktion. Sie ist einfach nur da und wirkt bedrohlich-sinnlos für den Rest des Planeten. Sie dehnt sich aus, verschlingt Häuser, ganze Städte, lässt nichts zurück.

Desertifikation nennen das die Fachleute.

Jedes Jahr wachsen die Wüsten der Welt um die Größe Irlands. Sie wuchern wie Krebs. Und natürlich ist dieses Wüstenwachstum in erster Linie durch den Menschen verschuldet. Wir sind es, die diesen Planeten verwüsten. Wir brennen jahrhundertealte Wälder ab, um auf diesen Flächen Getreide anzubauen, und lassen sich den ausgelaugten Boden ein paar Jahre später die Wüste holen. Wir lassen sie ihn langsam, aber konsequent mit Nutzlosigkeit überziehen. Wir lassen sie weiterwachsen. Wie ein schwarzer Fleck auf der Seele.

Dieses Wüstenwachstum muss gestoppt werden. Sonst bleibt am Ende nur das Nichts übrig. Eine Welt aus leerer, nutzloser Wüste. Doch die Wüste braucht den Gegensatz der Fülle, der Blüte, des überreichen Lebens. In dieser Gegensätzlichkeit bekommt sie einen Sinn.

Dann kann diese Leere unser Leben bereichern und uns daran erinnern, dass nicht immer alles blüht. Vielleicht ist sie da, um uns Wertschätzung zu lehren. Um uns daran zu erinnern, dass es Zeiten gibt, in denen wir das Nichts aushalten müssen. Zeiten der Angst und der Einsamkeit. Durststrecken, die es zu überwinden gilt. Phasen, in denen sich die Angstflecken auf der Seele ausbreiten.

Vielleicht brauchen wir das Dunkel, den Tod, die Wüste, damit wir das blühende Leben zu schätzen lernen. Weil es eben nicht immer da ist.

Es ist der Durst, der dem Wasser einen Geschmack gibt. Es ist die Einsamkeit, die den Menschen neben uns zu einem Geschenk werden lässt.

Wahrscheinlich müssen die Wüsten dieser Erde wachsen, damit wir verstehen lernen.

Bis wir verstehen. Wertschätzen. Sie. Und uns.

● ○

Betonwüste, Servicewüste, Ver-wüstung ... Der Gedanke an Wüste lässt ja zunächst einmal an nichts Gutes denken. Im Grunde symbolisiert sie auf vielfältige Weise einen Raum, in dem es weniger ums pralle Leben als ums nackte Überleben geht. Es ist schwer bis unmöglich, sich in der Wüste zu orientieren, Nahrung und Wasser sind knapp, die Einöde zehrt an den inneren Kräften. Ich bin schutzlos ausgeliefert – tagsüber der sengenden Hitze, nachts der eisigen Kälte.

Und doch übt die Wüste seit Tausenden von Jahren auf viele Menschen eine ungeheure Faszination aus. Ist es Zufall, dass sich in diesem scheinbar so lebensfeindlichen Milieu nahezu alle einschneidenden Ereignisse der biblischen Heilsgeschichte abspielen?

Ganze vierzig Jahre zieht das Volk Israel, aus der Knechtschaft der Ägypter befreit, durch die Wüste ins Gelobte Land. Dass dieser

Weg der Befreiung kein Spaziergang ist, wird dadurch deutlich, dass das Volk immer wieder massiv gegen Gott und Mose aufbegehrt: „Wären wir doch durch die Hand des Herrn gestorben, als wir an den Fleischtöpfen saßen und Brot genug zu essen hatten. Ihr habt uns nur deshalb in die Wüste geführt, um alle, die hier versammelt sind, an Hunger sterben zu lassen!"[18] Es mangelt an Wasser, an Brot, es mangelt an Orientierung, an Hoffnung und Mut zum Weitergehen. Es mangelt an allem.

Der Prophet Elija zieht sich – heute würde man sagen, an einem Burn-out leidend – in die Wüste zurück, legt sich unter einen Ginsterstrauch und wünscht sich nur noch den Tod. Doch auch für ihn bedeutet die Wüste nicht das Ende seiner Reise, sondern durch einen Engel des Herrn gestärkt, wandert er vierzig Tage und vierzig Nächte zum Berg Horeb, wo er in eine neue Dimension der Gotteserfahrung eintreten darf. Für ihn wird der Weg durch die Wüste zum Weg der Erkenntnis und der umfassenden Läuterung.

Auch Johannes der Täufer ist ein Mann der Wüste und predigt den Menschen, die scharenweise dorthin zu ihm strömen, mit feurigen Worten Umkehr und Buße. Und Jesus selbst wird vor seinem ersten öffentlichen Auftreten vom Heiligen Geist in die Wüste geleitet, wie uns die Evangelien berichten. Vierzig Tage und vierzig Nächte fastet er und wird vom Teufel in Versuchung geführt. Die ungeheure Klarheit, mit der er den diabolischen Verlockungen widersteht, zeigt, wie viel innere Stärke er in dieser Einöde entwickelt hat.

Durch alle Jahrhunderte hindurch bis in die heutige Zeit gibt es immer wieder Menschen, die sich ganz bewusst eine kürzere oder längere Zeit den unwirtlichen Bedingungen der Wüste aussetzen, um ausgerechnet dort lebenswichtige Erfahrungen zu machen. *„Offensichtlich ist die Bereitschaft für Gott immer auch eine*

Bereitschaft zur Wüste (...). Wüste ist die einfachste Beschreibung des Ortes, an den Gott seine Menschen bringen will, um neu mit ihnen anzufangen", so fasst es Pastor Dietrich Heyde zusammen.[19]

So ist es auch gar nicht verwunderlich, dass auch der Ursprung unserer klösterlichen Lebensform in der Wüste zu finden ist. Noch heute zehren wir von der Weisheit der Wüstenväter, die sich ab dem vierten Jahrhundert in den Wüsten Syriens und Ägyptens niederließen und dort teilweise beachtlich große Gemeinschaften von Einsiedlern bildeten. In einer Zeit, in der sich das Christentum mehr und mehr gesellschaftlich etablierte (und zur Volksreligion geworden war), zogen sich Scharen von Menschen dorthin zurück, um eine radikale, asketische Form der Christus-Nachfolge zu leben. Als sich in späterer Zeit auch andernorts erste Klöster bildeten, wurde der Rückzugsort Wüste schließlich durch den Lebensraum der Klausur ersetzt.

Aber was macht den Zauber der Wüste aus? Was ist dort verborgen, wo doch eigentlich *nichts* ist? Einmal im Jahr ist uns Schwestern in den Exerzitien eine Zeit geschenkt, die ich persönlich als Wüstenzeit betrachte. In diesen zehn Tagen, die ich ganz im Schweigen verbringe, darf ich mich konzentrieren auf das Wesentliche meines Lebens. Zehn Tage, in denen ich mich bewusst aus dem Weltgeschehen ausklinke, weder Zeitung lese noch Nachrichten schaue, telefonisch nicht erreichbar bin und natürlich auch nicht im Internet surfe. Für manche ist es vielleicht befremdlich, dass wir uns Jahr für Jahr eine verhältnismäßig lange Zeit in die Stille zurückziehen, manchmal sogar mitten in der Nacht meditieren und nichts tun, außer uns intensiv betend ins Wort Gottes zu vertiefen.

Doch ich bin jedes Mal erstaunt, wie viel Heilsames mit mir und in mir in diesem tiefen Schweigen geschieht. Auch wenn die vielen Stunden, die ich in dieser Zeit täglich meditiere und bete, physisch und psychisch äußerst kräftezehrend sein können und auf der Reise in die eigene Innenwelt zuweilen sehr anstrengende Wegstrecken zu bewältigen sind, so möchte ich diese jährliche „Brachzeit" auf keinen Fall missen.

Zunächst einmal werde ich ganz sensibel für das, was in meinem Innern lebendig ist – meine Sehnsüchte, Hoffnungen und Ängste, manchmal auch Ärger, Traurigkeit oder versteckter Zorn. Irgendwann gelange ich in den Exerzitien fast immer an einen Punkt, an dem ich mir nichts mehr vormachen kann, an dem ich mir selbst und vor allem GOTT endlich „ungeschützt" ausgesetzt bin – und dann plötzlich vor dem Geheimnis einer Liebe stehe, die in ihrer Klarheit und Kraft schlichtweg überwältigend ist. Diese Momente des puren Gegenwärtigseins im großen DU Gottes, das sind Augenblicke, die mir unendlich kostbar sind und mich im Tiefsten glücklich machen.

Schon Paracelsus stellte fest: „Die Dosis macht das Gift." Dies gilt für mich im übertragenen Sinn auch für die unzähligen Eindrücke, Bilder und Begegnungen, die wir Tag für Tag innerlich zu verarbeiten haben. Diese Fülle, die permanente seelische Überlastung, kann tatsächlich Gift sein für unser geistliches Leben. Für mich ist daher die jährliche Wüstenzeit wie eine Art „Detox-Kur" für meine Seele. Dort, wo ich mich eine Zeit lang bewusst vor jeder Form der Reizüberflutung schütze, darf ich mich heilen lassen von Illusionen, Enttäuschungen, Mutlosigkeit und Resignation. Ich nehme mich wahr in meiner innersten Bedürftigkeit und spüre mein existenzielles Verwiesensein auf DEN, der allein meinen Lebensdurst zu stillen vermag.

„Ich habe die Wüste immer geliebt", lässt Antoine de Saint-Exupéry den kleinen Prinzen sprechen: „Man setzt sich auf eine

Sanddüne. Man sieht nichts. Man hört nichts. Und währenddessen strahlt etwas in der Stille."[20]

ANGST

Natürlich könnte ich einen Text über all die Ängste schreiben, die es so gibt: die Zukunftsangst, die Angst vor dem Zahnarzt, vor Spinnen und dem Krieg etwa. Oder ich könnte versuchen herauszufinden, worin diese Ängste eigentlich ihren Ursprung haben: in negativen Erfahrungen, unbegründeten Befürchtungen, den Ängsten anderer. Auch ihr Sinn wäre interessant. Ich könnte Gott ins Spiel bringen, auf den zu vertrauen so manche Angst lindern, sie klein und in Schach halten kann. Mit solch einem Text durchführe ich ruhige Gewässer, denn am Ende stünden hier ein paar Hundert Worte über die Angst im Allgemeinen. Ich bliebe außen vor.

Aber das fühlt sich nicht nach mir an. Das Schreiben in sicheren Gewässern liegt mir nicht. Ich bin immer Teil meiner Texte. Und deshalb muss es in diesem Text um meine eigene Art der Angst gehen. Ohne Herleitung oder rationale Erklärungen. Und – leider – ohne Gott.

Die Angst kommt meistens in der Nacht. Wenn es still ist. Vor dem Einschlafen. Wenn ich im Bett liege mit meinen Gedanken. Dann kriecht sie unter der Matratze hervor. Meine Angst ist ein Schatten. Sie kommt ganz langsam näher, wird der Schatten meiner selbst. Sie legt sich neben mich.

Sie flüstert mir einen Gedanken ins Ohr, zärtlich fast. Einen Gedanken, der sich in mein Gehirn bohrt. Der sich ganz langsam tiefer und tiefer frisst. Sich festkeilt. In meinem Kopf. Mir die Augen öffnet, damit ich in der Dunkelheit Schwarz sehen kann. Damit sie mich Schwarz sehenden Auges fortspülen kann. Ich werde grundlos. Das Herz schlägt schneller.

Poch. Poch. Poch. Poch.

Im Magen drücken mich zentnerschwere Steine tiefer in die Matratze. Rückenmuskeln spannen sich an, kämpfen gegen das Versinken in der Grundlosigkeit. In der Angst.

Poch, poch, poch, poch, poch, poch.

Gedanken zerschellen an der Schädeldecke, zersplittern, schneiden sich rasiermesserscharf durch Nervenbahnen. Deren Fetzen ergeben längst keinen Sinn mehr. Grundlos, sinnlos. Wovor. Hast. Du. Angst? Aber jeder Fetzen ist Wahrheit. Davor! Davor! Und davor!, steht auf jedem einzelnen Fetzen. In der Angst.

Pochpochpochpochpochpochpochpoch.

Ich schwitze, ich stinke. Ich kämpfe mit mir, mit meiner Angst. Die ich bin. Mit der Angst, die ich sein werde, mit dem grundlosen Schwarz vor meinen Augen und unter meinen Füßen. Mit der sinnlosen puren Wahrheit im Hier und Jetzt. Mit dem nichts bezeichnenden Davor, Davor und Davor aus der Vergangenheit. Und dem nichts bezeichnenden Davor, Davor und Davor in der Zukunft. Ich kämpfe mit meinem Schatten. Neben mir und in mir. Ich stinke. Ein, zwei Stunden lang. Schlaflos im grundlosen Nichts. Ich liege neben mir in meinem eigenen Schatten. Und warte.

Poch, poch, poch, poch, poch, poch.

Ich warte. Und warte. Bekomme einen Gedanken zu fassen, einen hellen. Einen, der mich zurück an die Oberfläche bringen wird. Später. Hoffentlich bald. Einen, der mich nicht tiefer sinken lässt. Jetzt. *Meine drei Lieblingsbücher für eine einsame Insel.* Weitere Gedanken blitzen auf. Ich klammere mich an den klaren

Einfall, den ich gerade zu fassen bekam: die Autoren, die mich auf eine einsame Insel begleiten würden. *Houellebecq, Kempowski, Stuckrad-Barre*. Die Angst will mich wieder in die Tiefe ziehen. Ich schärfe den Gedanken, beginne ihn zu greifen. Wie lauten die Buchtitel? *Elementarteilchen, Echolot, Livealbum*. Ich tauche auf.

Poch. Poch. Poch. Poch.

Mein Schatten neben mir pustet mir über meine nasse Stirn. Zärtlich fast. Dann kriecht er zurück unter die Matratze. Ins Dunkel.

Ich bleibe zurück.

Das ist meine Angst.

● ○

Die nackte Angst. Sie schnürt mir die Kehle zu und lässt mein Herz rasen. Ich zittere am ganzen Leib, um mich herum nichts als Dunkelheit. Ich kann keinen klaren Gedanken mehr fassen, will nur noch davonlaufen. Doch zu wem soll ich mich flüchten? Hilflos fühle ich mich, ohnmächtig und ausgeliefert. Passenderweise fällt sie meist in der Nacht über mich her, sodass das äußere Setting die Gesamtperformance komplett macht. Nein, Angst braucht gefühlt wirklich niemand, um ein glückliches Leben zu führen, oder doch?

„Angst ist das Schwindelgefühl der Freiheit. Sollte einer meinen, es sei eben das Größte an ihm, dass er nie Angst gehabt habe, so werde ich ihm mit Freuden meine Erklärung dafür eröffnen: Das kommt, weil er sehr geistlos ist.“ Von niemand Geringerem als Sören Kierkegaard stammt diese steile These, die vielleicht einmal einen etwas anderen Zugang zu diesem ansonsten eher leidigen Thema eröffnen kann. Angst als Schwindelgefühl der Freiheit?

Wenn ich persönlich von Angstgefühlen heimgesucht werde, versuche ich – so schwer das manchmal auch ist – zu erspüren, was denn eigentlich genau die Ursache meiner Angst ist. Und schon oft fiel mir dabei auf, dass sie im Grunde immer etwas mit einem realen oder gefühlten Kontrollverlust zu tun hat. Manchmal zum Beispiel ist es die Angst davor, dass mir etwas, was mir in meinem Leben wichtig und heilig ist, verloren gehen könnte. Sei es meine tragfähige Beziehung zu Gott, ein geliebter Mensch, die Freude am Leben, meine Kraft oder auch Lebensumstände, die mir helfen, den Alltag zu bestreiten. Auch die Angst, einer Aufgabe nicht gewachsen zu sein, die Angst vor dem Scheitern kenne ich nur zu gut. Immer ist es die klaffende Fehlbilanz zwischen dem Wunschtraum, die wichtigen Dinge im Leben unter Kontrolle zu halten, und der Wirklichkeit, dass ich tatsächlich alles Wesentliche nicht in der Hand habe, welche die Angst im Herzen mächtig werden lässt.

Ich wage zu behaupten, dass die größte Gefahr für unser Leben und unsere Lebendigkeit gar nicht darin besteht, dass all diese Worst-Case-Szenarien, die wir uns in angstvollen Stunden ausmalen, tatsächlich eintreten, sondern darin, dass wir der Angst die Macht über unser Tun und Lassen geben.

Ich habe Angst vor Einbrechern, also verbarrikadiere ich mein Haus. Dies gilt auch im übertragenen Sinne, denn eine sehr häufige Reaktion auf die Angst ist tatsächlich, dass ich mich in mich selbst verschließe und niemanden mehr wirklich an mich heranlasse. Ich habe Angst, mich an jemanden zu binden, also bleibe ich lieber allein. Ich habe Angst vor einem längst fälligen Schritt, also bleibe ich sitzen. Ich habe Angst, mich von einem sicheren Arbeitsplatz zu trennen, also mach ich den Job noch zehn Jahre, auch wenn ich dabei draufgehe. Ich habe Angst, einen Fehler zu machen, also packe ich das Projekt gar nicht erst an. Ich habe Angst, von einem Menschen enttäuscht zu werden, also lasse ich mich besser gar nicht auf ihn ein. Mit all unseren Kräften versuchen wir, gefühlte Sicherheit in unser Leben zu bringen, und übersehen dabei, dass wir inmitten aller scheinbaren Sicherheit auf diese Weise das wahre Leben verlieren.

Im 14. Kapitel des Lukasevangeliums ist uns eine Rede Jesu überliefert, die zunächst einmal widersprüchlich zu sein scheint: Jesus spricht dort von Bedingungen der Nachfolge, die – vorsichtig formuliert – zunächst einmal alles andere als einladend wirken: *„Wenn jemand zu mir kommt und nicht Vater und Mutter, Frau und Kinder, Brüder und Schwestern, ja sogar sein Leben gering achtet, dann kann er nicht mein Jünger sein. Wer nicht sein Kreuz trägt und hinter mir hergeht, kann nicht mein Jünger sein.“*[21] Und er fügt zwei kurze Beispiele an, die perfekte Angstszenarien in den Raum stellen: Ich will einen Turm bauen – Hilfe, habe ich überhaupt genügend Mittel dafür? Oh Gott, nachher steht dieser Turm halb fertig in der Gegend herum, für alle sichtbar, und alle lachen über mich, weil ich es nicht auf die Reihe bekommen habe, das Projekt abzuschließen. Zweites Beispiel: ein Kriegsszenario. Allein der Gedanke daran ist bereits der Stoff, aus dem Albträume gemacht sind: Es wäre doch der blanke Wahnsinn, mich mit einer Truppe von zehntausend Mann einer Armee entgegenzustellen, die doppelt so stark ist wie meine! Nein, dann lieber gleich die weiße Fahne rausholen und kapitulieren.[22] Am Ende gipfelt die Rede Jesu dann in der scheinbar paradoxen Schlussfolgerung: *„Ebenso kann keiner von euch mein Jünger sein, wenn er nicht auf seinen ganzen Besitz verzichtet.“*[23] Erwarten würde man ja eher so was wie: Ebenso kann keiner von euch mein Jünger sein, wenn er nicht ordentlich vorgesorgt hat und nicht alle Eventualitäten, die möglicherweise ein Scheitern verursachen könnten, durch perfekte Planung komplett ausschließen kann. Nein, genau das Gegenteil ist der Fall: Wenn ich mich auf einen Weg in der Nachfolge Jesu einlassen will – und das bedeutet nichts anderes, als den Weg in die Lebensfülle zu wählen –, dann habe ich zunächst einmal mich selbst und all meine scheinbaren Absicherungen loszulassen und den Sprung aus dem warmen Nest zu wagen. Ich habe mich bewusst darauf einzulassen, dass es in diesem Leben immer wieder überfordernde Situationen gibt und dass ich letztlich nie sagen kann, ob ich den Turm am Ende fertigstellen kann oder nicht. Ich habe in Kauf zu nehmen, dass mir eine Menge Gegenwind ins Gesicht bläst, ich mich schwach und ohnmächtig fühle und nicht sicher sein kann, ob meine Kraft ausreicht, um den Gegenkräften Widerstand zu leisten.

Im Unterschied zu vielen falschen Propheten auch unserer Tage hat Jesus eines nie versprochen: Sicherheit. Jedenfalls nicht die Sicherheit, von der wir zuweilen träumen, wenn wir uns wünschen, die ätzende Angst im Herzen endlich loszuwerden. Denn – und damit komme ich wieder zum Zitat von Sören Kierkegaard – diese Sicherheit geht immer auf Kosten unserer Freiheit und verhindert letztlich, dass wir dem lebendig machenden Geist Gottes Raum geben. Leben in der Nachfolge Christi, christliches Leben, bedeutet nicht, sich abzusichern, sondern sich zu riskieren. Sich zu riskieren im Wissen darum, dass nichts und niemand auf der Welt mir in Wahrheit mein Leben rauben kann.

Diese Gewissheit beseelte neben vielen anderen Menschen auch die in Auschwitz ermordete holländische Jüdin Etty Hillesum, als sie im November 1942 in ihr Tagebuch schrieb: *„Und sie sagen: Mich sollen sie nicht in ihre Klauen bekommen. Und sie vergessen, dass man in niemandes Klauen ist, wenn man in deinen Armen ist, Gott."*

Sicherheit hat Jesus uns nicht versprochen, aber eine Botschaft durchzieht die ganze Heilige Schrift wie ein roter Faden: Fürchte dich nicht.

WUT

Kaum eine andere Emotion ist mir aus meiner Jugend und dem jungen Erwachsenenalter so vertraut wie die Wut. Dieses Beben in der Magengegend: mein ständiger Begleiter. Das Anspannen der Muskeln, die geballte Faust und dieser Drang, alles herauszuschreien, was da in einem *wütet*. Natürlich ist das nicht besonders klug, nicht weise und besonnen, aber es ist ungemein befreiend. Und wenn man 16, 17, 18 Jahre alt ist, dann will man vieles, aber garantiert nicht klug und weise sein. Den Wunsch danach zu haben, alles, was einen stört, erst einmal zerschlagen zu wollen, ohne einen Plan, wie es danach weitergehen könnte, ist vielleicht das größte und nachvollziehbarste Privileg der Jugend. Je älter man wird, desto rationaler und vernünftiger handelt man. Ein Sechzehnjähriger, der „Fuck the System" an die Wände der Deutschen Bank sprüht, hat Herz und Seele, ein Sechzigjähriger, der das tut, hat keinen Verstand.

Für mich ist die jugendliche Wut etwas sehr Positives. Sie ist pure Energie. Sie ist ein mit dem ganzen Körper kommunizierter Schrei nach radikaler Veränderung. Aber ich befürchte, dass die Wut trotz der Bibelstellen, in denen Jesus sich mit den Pharisäern anlegte, als eher unchristlich angesehen wird. Schließlich haben Christen ja häufig einen gewissen Hang zur Kontrolle. Kontrolle über ihre Emotionen, über ihre Triebe, über all die drohenden Laster in dieser Welt. Die eigene Wut wird da schnell zu einer Emotion, für die es sich zu schämen gilt. Zu etwas, das eigentlich gar nicht passieren dürfte. Doch sind es nicht gerade unsere Fehler und Makel, die uns menschlich und beizeiten auch liebenswert machen? Nichts wirkt auf mich verstörender als diese ewig lächelnden, stets friedlich und in sich selbst ruhenden, erleuchteten Gläubigen jedweder Religion. Robotergleich grinsen sie jede Kränkung und jede Wut weg. Haben sich scheinbar immer im Griff, sind immer ganz bei sich, agieren bedacht. Sie wirken so furchtbar perfekt und auf mich leider auch: furchtbar unsympathisch. Jemand, der schreit, weint und um sich schlägt, der ist durch und durch Mensch. Leidender Mensch zwar und schmerzvoller Mensch, aber ein Lebewesen voller Energie.

Bei den meisten Menschen wächst sich die Wut auf die Gesellschaft, auf Gott, auf die Eltern und all die anderen Menschen irgendwann im frühen Erwachsenenalter aus. Ich trug dieses Beben im Magen deutlich länger mit mir herum. Wurde 25, wurde 30, wurde 35. Hörte weiterhin Musik, die wie der Soundtrack von mindestens zwei Weltkriegen klang, und pflegte stets eine zynische Meinung zu allem. Denn: Wenn man auf alles wütend ist, alles und jeden doof findet und die Welt aus einer herabschauenden Perspektive betrachtet, wird man unverwundbar. Ich war sicherlich kein angenehmer Gesprächspartner in dieser Zeit, aber ich hatte das Gefühl, dass niemand mir etwas konnte. Erst als mir eines Tages eine kluge Frau sagte, dass Wut lediglich ein anderer Ausdruck von Trauer sei, passierte etwas in mir. Ich begann zu hinterfragen, warum ich denn wütend war, wo der eigentliche Auslöser dieses Gefühls lag und warum ich mich offensichtlich sehr lange damit wohlgefühlt hatte.

Als die Wut schließlich langsam wich, fühlte ich mich jedoch weder befreit noch erleichtert, sondern ausgesprochen leer und hilflos. Denk- und Handlungsmuster, die ich über Jahrzehnte erlernt hatte, funktionierten auf einmal nicht mehr. Ich musste mich vielleicht nicht komplett neu erfinden, aber zumindest komplett neu ordnen. Und wahrscheinlich bin ich mit dieser Aufgabe auch noch eine ganze Weile lang beschäftigt.

Wenn ich ehrlich bin, vermisse ich die Wut hin und wieder. Nicht die Wut, die jeder verspürt, wenn er sich mit dem Hammer auf den Daumen geschlagen hat oder wenn ihm der letzte freie Parkplatz vor dem Supermarkt vor der Nase weggeschnappt wird. Das ist Alltagskram, der zum Leben gehört. Ich denke an diese unbestimmte Wut auf die Gesellschaft, auf das Leben, auf Gott und die Welt. An dieses große, intensive Gefühl, dass irgendetwas komplett falsch läuft und dass unbedingt etwas dagegen getan werden muss. Das vermisse ich. Denn durch Wut kann Neues entstehen. Und vielleicht Gutes erreicht werden. Oder zumindest etwas anderes. Und war es nicht zuletzt auch die Wut, die die Mitglieder der Weißen Rose zum Widerstand gegen Hitler antrieb? Sie waren jung, wollten radikale Veränderungen und waren lebendiger als so viele andere Menschen zu jener Zeit.

Ich denke, die Wut ist eine Waffe. Sie täuscht Macht vor und wird eingesetzt, wenn Besonnenheit oft die klügere Wahl wäre. Wut kann verletzten und zerstören. Aber wenn man sie verstanden hat und mit ihr zu leben gelernt hat, dann kann sie auch das Böse zerstören und das Gute in die Welt tragen.

● ○

Es gibt sie, diese Menschen, die es schaffen, immer und unter allen Umständen die Contenance zu bewahren. Es gibt sie, diese Menschen, die stets vollkommen ruhig und ausgeglichen sind und sich niemals aufregen. Und ja, es gibt auch diese coolen Typen, die immer ein bisschen über allem stehen und sich unter keinen Umständen die Blöße einer unkontrollierten Gefühlsregung geben. Ich selbst gehöre definitiv nicht dazu.

Es braucht zwar je nach innerer Verfasstheit relativ lange, bis bei mir eine gewisse Reizschwelle überschritten ist, aber dieses Gefühl, dass Wut in mir aufsteigt, ist mir wohlvertraut. Ich gestehe, manchmal bin ich sogar dankbar, wenn ich in brenzligen Situationen ausgleichend wirkende Mitschwestern um mich herum habe, die mir dabei helfen, meine überschäumenden Emotionen wieder auf Normalniveau herunterzukochen.

Unkontrollierte Wutausbrüche haben etwas Zerstörerisches. Wenn ich über Wut nachdenke, kommen mir Bilder von einem gewaltbereiten Mob, der am Ende nichts als verbrannte Erde hinterlässt. Von Menschen, die von blinder Wut erfüllt ihren Computer zertrümmern, weil er nicht so funktioniert, wie sie wollen.

Wut kann zerstörerisch sein, aber sie aus diesem Grund als etwas anzusehen, was um jeden Preis vermieden bzw. überwunden werden muss, ist mir dennoch zu kurz gegriffen. Im Gegensatz zu einem ermüdenden, unterschwelligen Genervtsein hat eine echte Wut für mich auch eine schöpferische Seite. In den Augenblicken, in denen ich mich richtig wütend erlebe, spüre ich zugleich meine ganze Leidenschaft für etwas oder jemanden. Wütend werde ich, wenn mir etwas wirklich am Herzen liegt, wenn ich für etwas brenne oder auch bei mir selbst ein wunder Punkt getroffen ist. Ich werde wütend, wenn menschliches Leben mit Füßen getreten wird. Ich werde wütend, wenn ein Mensch nur als Ware gesehen und nach seiner Leistung bemessen wird. Ich werde wütend, wenn Dummheit und Ignoranz regieren. Ich werde wütend, wenn ich die himmelschreienden Ungerechtigkeiten in dieser Welt wahrnehme. Ich werde wütend, wenn Menschen auf verschiedenste Weise gedemütigt oder herablassend behandelt werden. Und ja, ich werde auch manchmal wütend, wenn mir eine Mitschwester beim Abendessen das letzte Stück Fleischwurst vor der Nase wegschnappt – aber daran versuche ich zu arbeiten. ☺

Das Tröstliche für mich ist: Auch Jesus war wütend! Von allen vier Evangelisten ist uns die Szene überliefert, wie er wutentbrannt im Tempel die Tische der Geldwechsler umstößt und alle Händler und Käufer aus den heiligen Hallen vertreibt. *„Mein Haus soll ein Haus des Gebetes genannt werden, ihr aber macht daraus eine Räuberhöhle!"*[24], wirft er der verdutzten Menge entgegen. Mehrere Stellen im Evangelium lassen erahnen, dass Jesus keineswegs der immer Ausgeglichene und „Durch-nichts-aus-der-Ruhe-zu-Bringende" war.

Der rote Faden in dieser Reihe von Beispielen ist, dass die Wut in allen Fällen eine Reaktion darauf ist, dass etwas im wahrsten Sinne des Wortes nicht in Ordnung ist. Vielleicht ist die Wut sogar die ursprünglichste Reaktion auf eine Störung in der Schöpfungsordnung. Es ist nicht in Ordnung, wenn Menschen gedemütigt werden, es ist nicht in Ordnung, wenn die Menschenwürde mit Füßen getreten wird, es ist nicht in Ordnung, wenn alternative Fakten als Wahrheit verkauft werden, und es ist – im Beispiel von Jesus – auch nicht in Ordnung, wenn ein heiliger Raum zu Geschäftszwecken missbraucht wird. Sei es ein Mangel an Weitblick, an Würdigung, an Zivilcourage, an Liebe und Zuwendung oder auch einfach an Aufmerksamkeit – immer ist es eine Fehlbilanz zwischen der Wirklichkeit und unseren tiefsten Bedürfnissen, die uns wütend werden lässt.

In seinem bemerkenswerten Buch „Wut ist ein Geschenk" beschreibt Arun Gandhi, der Enkel des großen Mahatma Gandhi, wie sein Großvater ihn gelehrt hat, seine ehemals unkontrollierten Wutattacken fruchtbar zu machen. Er vergleicht darin die Wut mit Elektrizität: Unkontrolliert ausgelebt kann sie tödlich sein, aber in richtige Bahnen geleitet bringt sie Licht und Wärme. Oft ist es eine gesunde Wut, die Menschen ins Handeln und in dieser Welt wichtige Veränderungen auf den Weg bringt. Und so bin ich der Überzeugung, dass wir unsere Kraft viel weniger dafür aufwenden sollten, die Wut zu unterdrücken, als sie zu kultivieren, auf das Leben hin auszurichten und dafür zu nutzen, dass Gerechtigkeit in dieser Welt mehr wird als eine leere Worthülse. Also: Nur Mut zur Wut![25]

KRISEN

„Probleme sind dornige Chancen." Diese Kalenderblattweisheit ging vor einiger Zeit durch die sozialen Medien. Nicht, weil diese vier Worte so wahnsinnig tiefsinnig wären, sondern weil sie aus einem 20 Jahre alten Videoclip stammen, in dem ein Abiturient namens Christian Lindner eine Spur zu weltmännisch und motiviert von seiner Beratungs- und PR-Firma erzählt und unter anderem genau diese vier Worte benutzt.

Man kann vom FDP-Vorsitzenden halten, was man will, aber eines muss man ihm lassen: Eine Krise überstehen, etwas aus ihr lernen, neu anfangen und versuchen, es besser zu machen, das kann er. Immerhin hat er die alte Dame FDP zurück in den

Bundestag geführt und der Partei mit einem ausgefallenen Kommunikationskonzept ein neues Image verpasst.

Das bewundere ich. Ganz ohne Ironie. Mir imponiert die Kraft, die solche Stehaufmännchen antreibt. Fachleute nennen diese psychische Widerstandsfähigkeit Resilienz und dieser Begriff ist in den vergangenen Jahren ein echtes Modewort geworden. Es gibt Resilienztrainer, Resilienzberater, jede Menge Bücher, ja sogar Apps, die Menschen dabei helfen sollen, Krisensituationen zu überstehen.

Ich selbst tue mich mit Krisen im Allgemeinen schwer, zumal ich mich – gefühlt – fortwährend von der einen in die nächste bewege. Fast immer fühlt sich alles schwer an, herausfordernd, nach Kampf. Ganz selten nur ist alles einfach, leicht und weit. Das sind dann ganz besondere Momente, von denen ich lange zehre. Dabei ist mein Leben objektiv gesehen gar nicht so schlecht. Ich habe keine dramatischen Schicksalsschläge erlebt, keine schweren Krankheiten oder Verluste. Ich habe ein Dach über dem Kopf, das hoffentlich in etwa 30 Jahren abbezahlt sein wird. Wenn ich Hunger habe, kann ich essen, was ich mag. Und ich habe eine wirklich wundervolle Ehefrau an meiner Seite. Es gibt also eigentlich überhaupt keinen Grund zur Klage. Eigentlich. Denn die objektive Beschreibung der Lebensumstände deckt sich nur selten mit dem subjektiven Empfinden. Subjektiv erlebe ich mich als eine Person, die sich tagtäglich aus dem Bett quälen muss, die sich tagelang um Telefonate mit Fremden drückt und die ständig in Erwartung eines feindlichen Angriffs lebt. Immer vorsichtig, immer in Verteidigungsstellung. 24/7. Es könnte ja was passieren.

Das klingt anstrengend. Und das ist anstrengend. Vielleicht bin ich deshalb immer so müde.

Erstaunlicherweise fallen mir, trotz dieses emotionalen Dauer-
feuers, nur wenige greifbare Krisensituationen ein, die mich
über einen längeren Zeitraum belastet haben. Prüfungs- bzw.
Stresssituationen wie Vorstellungsgespräche, Präsentationen
oder Wettbewerbe nehme ich in erster Linie sportlich. Mal ge-
winnt man, mal verliert man. Und das nächste Spiel ist immer
das schwerste. Ja, selbst bei meinem Abitur war ich ziemlich gelassen. Schon vor den abschließenden Klausuren war klar, dass
ich mich – käme mir kein Blackout dazwischen – einem durch-
schnittlichen Abi von Zweikommairgendwas nicht würde entziehen können. Was in Anbetracht meiner angehäuften Fehlstun-
den durchaus beachtlich war.

Wenn es in den vergangenen Jahren von außen hervorge-
rufene Krisensituationen in meinem Leben gab, dann hatten
sie fast immer mit meinem Arbeitsleben zu tun. Wenn man,
drei Monate nachdem man ein Haus gekauft hat, seinen Job,
den man jahrelang gut und gern gemacht hat, verliert, weil die
Agentur ein paar Monate später komplett abgewickelt wird,
kann einem das schon die eine oder andere schlaflose Nacht be-
scheren. Wenn man anschließend in einer anderen Agentur anfängt, in der zwar die Bezahlung stimmt, man aber jede Form
von Wertschätzung vermisst und wie ein Schuljunge getadelt
wird, dann schleicht man schon mal ganz langsam in eine Krise.
Am Anfang ist es vielleicht nur der Urlaub, auf den man sich
eine Spur mehr freut, als es früher der Fall war. Im Anschluss
der erste Arbeitstag nach dem Urlaub, der sehr viel schwerer
fällt, als man es gewohnt war. Dann passiert das Gleiche mit den
Freitagen und den Montagen. Und irgendwann ist man so weit,
dass man jeden verdammten Arbeitstag kämpft und abends geschafft auf dem Sofa einschläft, weil der Kampf so viel Kraft

kostet. Irgendwann denkt man daran, alles hinzuschmeißen, was man aber sofort wieder verwirft, weil es einem Scheitern gleichkäme. Scheitern will man nicht. Also macht man weiter, vergisst zu lachen, raucht zu viel, schläft zu wenig. Baut ab. Und zwar bis zu dem Morgen, an dem man auf dem Weg zur Arbeit rechts ranfährt, weil man nicht mehr weiterfahren kann, und einfach wieder umkehrt, sich mit dem Scheitern arrangiert und wirklich jede Konsequenz tragen will, um nur nicht mehr dort arbeiten zu müssen. Das mag vielleicht nicht die ganz große Lebenskrise sein, aber dennoch eine Belastung. Für den Körper, für die Seele, für die Beziehung.

Manche Krisen erwischen einen ohne eigenes Verschulden, plötzlich und unerwartet. Sie haben häufig mit Verlusten zu tun. Der Verlust des Arbeitsplatzes, der Verlust der Gesundheit, der Verlust eines nahestehenden Menschen. Bei anderen Krisen ist man selbst der Auslöser, weil man unangemessen oder dysfunktional auf bestimmte Situationen reagiert. Das zu erkennen und entsprechend gegenzusteuern ist schwer. Weil man selbst Teil des Problems ist.

Ich denke, ein Grund, aus dem ich so gerne Zeit mit den Damen im Kloster Arenberg verbringe, ist ihr Urvertrauen in ein gutes Leben. Von ihnen braucht niemand einen Resilienztrainer und irgendwelche Handbücher. Den Damen reicht Gott. Er sorgt dafür, dass alles gut ist, wie es ist. Prüfungen und Krisen werden weggebetet. Probleme sind dort wirklich dornige Chancen. Manchmal bin ich ein wenig neidisch auf dieses über Jahre und Jahrzehnte angeeignete Vertrauen und mit meinem Herzen bin ich ganz nah bei ihnen. Aber was meine Psyche über Jahrzehnte hinweg verfestigt hat, das kann das Herz allein nicht mal eben auf die Schnelle korrigieren.

Heutzutage wird vielfach über die Existenzberechtigung von Glaube, Gott und Religion gestritten. Aber wenn der Glaube und das Gebet Menschen befähigt, solch eine Resilienz zu entwickeln und Problemen und Krisen aktiv, positiv und konstruktiv zu begegnen, ist das Grund genug. Vielleicht ist Gott sogar der beste Resilienztrainer auf dem Markt.

● ○

Sie sind nicht planbar – und damit auch schrecklich unberechenbar. Leider kann ich nicht sagen: „Hallo, Leben, ich fühle mich gerade stark genug, du kannst mir ruhig mal wieder eine leichte bis mittelschwere Krise schicken!" Im Gegenteil, vor Krisen bleiben wir leider auch und gerade dann nicht verschont, wenn wir ohnehin schon seelisch aus dem letzten Loch pfeifen und nicht wissen, ob die Kraft zum Weitergehen überhaupt ausreicht. Manchmal bahnen sie sich schleichend an, dann wiederum geraten wir ganz plötzlich in sie hinein, wie aus heiterem Himmel, und werden von jetzt auf gleich aus der Komfortzone unseres Lebens verstoßen. Krankheit, Tod, Verlust, gescheiterte Pläne oder zerbrochene Beziehungen konfrontieren uns mit neuen, unerwünschten Tatsachen, die eine bestehende Ordnung zerstören und uns innerlich oder auch in Bezug auf unsere äußeren Lebensumstände ins Chaos stürzen. Krisen sind immer auch ein kleiner Vorgeschmack auf den Tod, *die* Krise unseres Lebens schlechthin.

Logisch, dass sie nicht den allerbesten Ruf genießen – allerdings etwas zu Unrecht, wie ich glaube. Auch wenn ich selbst zugegebenermaßen zunächst eher ein intensives Vermeidungsverhalten entwickle, sobald ich eine Krise auf mich zukommen sehe, wage ich zu behaupten: Krisen sind lebensnotwendig! Etwas salopp formuliert: Wäre unser Leben ein Computerspiel, so wären es die Krisen, die uns in das nächste Level auf dem Weg unserer Menschwerdung heben – oder aber scheitern lassen.

Meine erste persönliche Krise durchlebte ich am Freitag, den 12. Dezember 1975, gegen 13.30 Uhr nachmittags: raus aus dem warmen Bauch meiner Mutter und rein in eine kalte Welt. Wie bei einer Geburt, so nehmen wir es oft auch bei anderen Krisen wahr: Es gibt plötzlich kein Zurück mehr. Da steht am Anfang ganz viel Bedrohliches, Dunkelheit, Schmerz und Ungewissheit, und niemand kann sagen, wie das Ganze ausgehen wird. Doch es gibt keine andere Wahl, Mutter und Kind müssen da durch und bestenfalls steht am Ende neues Leben, neue Lebendigkeit – und wie in meinem Fall das Glück, recht freundlich aufgenommen zu werden.

Was mich an Krisen immer wieder fasziniert, ist die Tatsache, dass sie uns zwingen, Kräfte zu mobilisieren, von denen wir in guten Zeiten noch nicht einmal ahnen, dass sie uns innewohnen. So irritiert unsere Gefühlswelt auch auf unfreiwillige Herausforderungen reagiert, führen bewältigte Krisen doch dazu, bisher ungelebte Anteile unserer Persönlichkeit Gestalt annehmen zu lassen.

So erging es mir kurz nach meinem Ordenseintritt. Bis dahin weder besonders krisenerprobt noch eine der tapfersten Zeitgenossinnen, fühlte ich mich zu Beginn meines Noviziats extrem dünnhäutig. Und dann ging's los. Innerhalb weniger Wochen galt es, eine ganze Kette neuer Entwicklungen auszuhalten – und zu akzeptieren! Allen voran der Umzug unseres Noviziates in die Schweiz. Gerade erst hatte ich mich doch so wunderbar an mein neues Lebensumfeld gewöhnt. Ich tat mir so leid! Wieder einmal fühlte ich mich schwach und hatte große Zweifel, ob es mir gelingen würde, diese Herausforderung zu meistern. Als ich eines

Abends niedergeschlagen eine Runde durch den Garten drehte, begegnete ich einer Frau, die bei uns zu Gast war. Anstatt zu grüßen, schaute sie mich freundlich an und sagte: „Sie sind eine starke Frau", dann ging sie weiter. Innerhalb kürzester Zeit verwandelte sich meine depressive Verstimmung in echte Wut: Wie bitte?? ICH? Eine starke Frau??? Klar, die muss es ja wissen, sie kennt mich ja auch schon dreißig Sekunden!! Wenn die wüsste! Ich und stark, ist ja lächerlich! Was maßt die sich eigentlich an? Doch der Stachel war gesetzt, provozierte mich und forderte mich heraus. Immer wieder klang es in den folgenden Tagen und Wochen in mir nach: „Sie sind eine starke Frau." Mich schwach zu fühlen, das kannte ich von mir nur allzu gut, aber war ich womöglich wirklich stärker als ich es mir zutraute? Und dann, so verrückt das auch klingen mag, versuchte ich ganz bewusst, meine starke Seite zu entdecken – und zu leben! Und siehe da, es gab und gibt sie tatsächlich!

Ich hoffe sehr, dass die arme Frau damals nichts von meinem Zorn mitbekommen hat, denn ich bin ihr bis heute zutiefst dankbar.

Oft höre ich auch in Seelsorge-Gesprächen Sätze wie: „Ich hätte nie gedacht, dass ich so etwas durchstehen könnte." Oder: „Da habe ich plötzlich gespürt, dass der Zeitpunkt gekommen ist, Verantwortung für mein Leben zu übernehmen." Oder: „Intuitiv habe ich im richtigen Augenblick genau das Richtige getan, das hätte ich mir nie zugetraut." Oder: „Ausgerechnet in dieser schwierigen Situation hat mein Leben eine völlig neue Qualität bekommen."

Von einer überaus dramatischen Krise des Volkes Israel wird uns im alttestamentlichen Buch Jeremia berichtet: Jerusalem wird erobert, Tempel und Bundeslade – sichtbare Zeichen der Gegenwart Gottes – werden zerstört, die Heilige Stadt dem Erdboden gleichgemacht. Das Volk wird in alle Winde zerstreut, die Oberschicht nach Babylon verschleppt, in eine Fremde, in der die identitätsstiftenden Gesetze und Vorschriften nicht mehr befolgt werden können. Es hätte tatsächlich das Ende bedeuten können, das Ende des Volkes Israel, das Ende des Glaubens an Jahwe, das Ende des Vertrauens darauf, dass Gott dieses auserwählte Volk vor allem Bösen bewahrt. Doch genau das Gegenteil geschieht: Seiner politischen und geistlichen Identität beraubt, findet das jüdische Volk an diesem absoluten Nullpunkt zu seiner wahren Mitte. In einer Zeit, in der alles zerstört zu sein schien, bildet sich in Auseinandersetzung mit dem Glauben der Babylonier der Ein-Gott-Glaube heraus. Die Menschen erkennen Jahwe als den *einen* Gott, dessen Gegenwart weder an den Tempel noch an die Bundeslade gebunden ist, sie erkennen ihn als den, der selbst in der Zerstreuung und der äußersten Anfechtung in ihrer Mitte wohnt. Das Volk Israel begreift, dass es weder der Vergangenheit hinterherzutrauern noch sich mit dem Gedanken an eine bessere Zukunft zu vertrösten braucht, es erkennt, dass mitten in der Krise, mitten im Hier und Jetzt, ein neues Kapitel der Heilsgeschichte geschrieben wird. Und so bildet sich ausgerechnet unter diesen desolaten Umständen eine neue Theologie heraus, die bis auf den heutigen Tag trägt und nichts von ihrer Bedeutsamkeit verloren hat.[26]

Krisen sind zum Davonlaufen, keine Frage; Krisen können im wahrsten Sinne des Wortes zutiefst enttäuschend sein, auch das ist unzweifelhaft – doch sie helfen uns gleichzeitig, die tiefere Wahrheit unseres Lebens zu erkennen und zu leben. Ich bleibe dabei: Krisen sind besser als ihr Ruf. „O. k., Leben, du kannst mir wieder mal ...“ – och nö, lieber doch nicht. ☺

BEDÜRFNISSE

Was braucht man eigentlich wirklich in diesem Leben? Was braucht man zum Leben? Ich denke in letzter Zeit sehr häufig über meine Wünsche und Bedürfnisse nach. Darüber, was ich benötige, wonach ich strebe, und über diesen vermaledeiten goldenen Mittelweg, der so schwer zu finden ist.

Klar, es gibt Grund- oder Existenzbedürfnisse: Atmen, Essen, aufs Klo gehen, Sex und so weiter. Es gibt das Bedürfnis nach Sicherheit, Ordnung und Angstfreiheit sowie das Bedürfnis nach Liebe und Zugehörigkeit. Das Bedürfnis nach Erfolg, Unabhängigkeit und Stärke gibt es. Und schließlich das Bedürfnis nach Selbstverwirklichung.

Der amerikanische Psychologe Abraham Maslow entwickelte in den 1950er-Jahren ein Pyramidenmodell, das diese Bedürfnisse hierarchisch ordnet. Die meisten von uns haben das in der Schule gelernt, in Biologie, Ethik, Sozialwissenschaften oder Philosophie. Maslow geht davon aus, dass die Grundbedürfnisse größtenteils befriedigt sein müssen, damit der Mensch nach Höherem, wie etwa der Selbstverwirklichung, streben kann. Und das macht Sinn. Ein gutes Beispiel dafür sind die Generationen meiner Eltern und Großeltern. Nach den Schrecken des Zweiten Weltkriegs ging es in einem Land, das in Schutt und Asche lag, ums nackte Überleben. Wichtig waren ein Dach über dem Kopf, Essen und Schutz vor marodierenden Soldaten. Selbstverwirklichung war meinen Eltern und Großeltern zu dieser Zeit total egal. Sie kannten wahrscheinlich noch nicht einmal den Begriff.

Ihre Kinder und Enkel müssen in der Regel nicht mehr hungern. Sie müssen nicht unter Brücken schlafen und sie leben in politischer Sicherheit. Das sorgt dafür, dass Bedürfnisse nach

Konsum, Anerkennung und Bestätigung einen größeren Raum einnehmen können. Und dass diese Bedürfnisse Ansprüche und Anforderungen nach sich ziehen. Ansprüche an sich selbst und Anforderungen von außen. Eine echte Herausforderung für die Heranwachsenden.

Und die Großenkel der Kriegsgeneration, also die – sagen wir mal – ab 2000 Geborenen, sind noch schlimmer dran: Sie wollen Superstar werden, lassen sich bei Shows wie Germanys next Topmodel von einer blonden, quietschstimmigen Domina ihre Persönlichkeit austreiben oder sehen ihre berufliche Zukunft als Influencer für Kosmetika auf YouTube. Sie brechen innerlich zusammen, wenn ein stundenlang bearbeitetes, weichgezeichnetes Selfie auf Instagram nicht genügend Likes bekommt, müssen „voll hübsch" sein und „nice" und „ein Model, Baby". Sie haben ungeschriebene Gesetze, welche Klamotten sie zu tragen haben, welches Smartphone sie benutzen dürfen und ab wann ein Modell „voll alt" ist. Sie wissen um Upgrades und wachsen mit der Überzeugung auf, dass das Merkmal „neu" automatisch „besser" bedeutet. Es ist nicht einfach, jung zu sein, wenn alles um dich herum dir zuschreit, wie du zu sein hast, was du zu tragen hast und dass du nur jemand bist, wenn du öffentliche Anerkennung bekommst. Auf der Strecke bleiben dabei die etwas zu Kleinen, die etwas zu Großen, die Stillen, die Schweren, die Armen, die Segelohrigen, die Nachdenklichen, die Individualisten, die Sparsamen, die Hinterfragenden. Im Existenzkampf um Aufmerksamkeit und Reichweite hilft kluges Denken nicht weiter, kein Ehrenamt und keine gute Schulnote.

Ich bin wirklich froh, nicht in dieser Zeit aufzuwachsen. Aber natürlich kenne auch ich den Wunsch nach Aufmerksamkeit in den sozialen Netzen, ebenso wie den Wunsch nach Konsum.

Schnell einen Urlaubstweet bei Twitter abzusetzen und sich zu freuen, wenn er geliked und geteilt wird, gibt schon ein tolles Gefühl. Ein neuer Laptop, ein neues Handy, eine neue Tasche – ich bin wahrscheinlich einer der wenigen heterosexuellen Männer, die einen Taschen-Tick haben – lassen mich ebenfalls lächeln. Aber bei mir setzt irgendwann dann doch immer wieder der Verstand ein, der fragt: Brauchst du jetzt wirklich ein neues Handy? Und warum möchtest du ein neues Gerät? Weil das alte kaputt ist? Weil ein neues Modell rauskommt? Weil du dich von wem auch immer technisch überholt fühlst?

Wo liegt der goldene Mittelweg zwischen Nachhaltigkeit, Sparsamkeit, Vernunft auf der einen und „sich selbst etwas gönnen", Spaß und Belohnung auf der anderen Seite? Und gönnt man sich wirklich etwas, wenn man sich das neueste iPhone vorbestellt oder das Samsung S-irgendwas kauft, obwohl man doch vor einem halben Jahr erst das Flaggschiff von Huawei geordert hat?

Ich weiß es nicht.

Wieso glauben wir immer, dass wir uns verbessern, wenn wir einen neuen Laptop, ein neues Handy oder eine neue Tasche kaufen? Als könnten wir so unsere Persönlichkeit aufwerten. Wer heutzutage noch mit einem Nokia 3210 telefoniert, ist nicht besser oder schlechter als derjenige, der das neueste iPhone benutzt. Beide können wunderbare Menschen sein oder totale Vollidioten. Und ich möchte nichts unterstellen, aber ich habe die Vermutung, dass es mehr Vollidioten mit iPhone gibt.

Immerzu bekommen wir gezeigt, dass alles besser wird mit neuen, anderen, optimierten und teureren Dingen. Werbespots, Plakate, Zeitschriftencover, Artikel in Zeitschriften, Artikel im Netz. Alle zeigen Vorbilder, denen wir versuchen nachzueifern.

Was wir dabei vergessen, ist der Mensch hinter all dem neuen, scheinbar wichtigen Kram. „Kleider machen Leute", sagt ein ziemlich altes Sprichwort. Wieso glauben wir das noch immer? In allem wollen wir uns verbessern, aber ein Sprichwort, das auf den Titel einer 140 Jahre alten Novelle zurückgeht, nehmen wir als unveränderlich an. „Fähigkeiten machen Leute", sollte es heißen. Oder besser noch: „Gedanken und Gefühle machen Leute." Das wäre wirklich eine Verbesserung.

Und kosten würde sie auch nix.

● ○

Beim letzten Generalkapitel wurde uns noch einmal neu bewusst, wie wichtig eine gute Kommunikation für das allgemeine Wohlbefinden und die Zufriedenheit der Schwestern ist und wie viel diese wiederum für eine harmonische Atmosphäre in der Gemeinschaft und damit auch für unser Apostolat bedeuten. Da wir gemeinschaftlich feststellten, dass es da durchaus noch Luft nach oben gäbe, luden wir eine Kommunikationstrainerin zu uns ein, in der Hoffnung, von ihr ein paar wertvolle Tipps zu bekommen.

Wir machten uns zwar auf alles gefasst, staunten dann aber trotzdem nicht schlecht, als die wichtigste Übung während des Trainings darin bestand, möglichst konkret Bedürfnisse zu benennen – nicht nur für unsere älteren Mitschwestern eine ungeheure Herausforderung! Auch ich ertappe mich regelmäßig dabei, dass ich mit meinen Bedürfnissen lieber hinter dem Berg halte, als für sie einzustehen, und dabei zähle ich beileibe nicht mehr zu der Generation von Ordensschwestern, die gefälligst keine Bedürfnisse zu haben hatten. Doch im Laufe des Trainings wurde uns allen deutlich, dass die meisten Spannungen und Konflikte im

Konvent tatsächlich daher rühren, dass unausgesprochene (oder noch unbewusste) Bedürfnisse im Raum stehen. Wie kann Gemeinschaftsleben funktionieren, wenn beispielsweise ein Bedürfnis nach Ordnung und Sauberkeit auf das Bedürfnis nach Erholung trifft? Traue ich mich, einer Mitschwester zu kommunizieren, dass ich die Spülmaschine erst am Abend ausräumen werde, weil ich meine Mittagspause für einen Spaziergang nutzen möchte?

Da gibt es ja einerseits Bedürfnisse, die irgendwie salonfähig und daher leicht zu kommunizieren sind, wie zum Beispiel das Bedürfnis nach Schlaf oder nach sinnvoller Arbeit. Deutlich schwieriger wird es dagegen, wenn sich in meinem Herzen Bedürfnisse regen, die ich vielleicht selbst gar nicht wahrhaben möchte und die dennoch nach Befriedigung schreien. Als einigermaßen reflektierter Mensch nehme ich dann vielleicht noch an der Oberfläche so etwas wie Neid oder Eifersucht wahr, aber traue ich mich auch, anzuschauen, welche unterdrückten Bedürfnisse dahinterstehen?

Immer wieder spüre ich bei mir selbst und bei anderen, welch enorme zerstörerische Kraft uneingestandene oder nicht gesehene Bedürfnisse im Miteinander und in der Beziehung zu mir selbst entfalten können. Mir kommt das Bild vom Rumpelstilzchen: Sobald ich das „Kind" beim Namen nennen kann, verliert es seine Macht, und das, was sich vorher mächtig aufgebläht hat, verpufft im Nirgendwo.

Es war im Sommer nach meiner Ewigen Profess, als ich ziemlich unvermittelt in eine Krise geriet. Sieben überaus erfüllte Jahre hatte ich damals bereits in unserer Ordensgemeinschaft gelebt und gespürt, dass ich in dieser Lebensform glücklich werde. Doch ausgerechnet in dem Jahr, in dem ich die Entscheidung gefällt hatte, mich für immer zu binden, herrschte in meinem Herzen große Verwirrung. Dieses „für immer" bereitete mir plötzlich ein großes Unbehagen, und manches von dem, was ich bis dato nie wirklich vermisst hatte – Partnerschaft leben, Mutter werden –, bekam für mich auf einmal eine ungeahnte Attraktivität. Es kam mir vor, als sei der Preis, den ich für meine Entscheidung zu zahlen hatte, einfach zu hoch. Ich weiß noch zu gut, wie viel es mich gekostet hat, all diese Gedanken und Gefühle überhaupt zuzulassen! Eines war mir von Anfang an klar: Einfach so davonlaufen, die Gemeinschaft verlassen und eine andere Lebensform wählen wäre keine Lösung, nicht nach sieben Jahren, in denen ich ungeahnte Lebensqualität erfahren durfte. Und so bestand meine wichtigste Übung in diesem Jahr darin, diese Bedürfnisse nicht nur wahrzunehmen, sondern ihnen auch ganz bewusst eine Daseinsberechtigung zuzubilligen – allerdings ohne praktisch darauf zu reagieren! Ich versuchte, mich mit den Störenfrieden zu arrangieren, und fragte danach, was sie mir eigentlich sagen möchten, fest davon überzeugt, dass, sofern ich mit der Ewigen Profess die richtige Entscheidung getroffen hatte, mein Herz sich mit der Zeit auch wieder beruhigen würde. Und falls nicht, würde ich eben tatsächlich noch einmal neu aufbrechen müssen. Ich gab mir Zeit, und das war vielleicht das Wichtigste in dieser Situation. Gleichzeitig versuchte ich, mit allem, was ich je über mich gelernt hatte, daran zu arbeiten, eine Lebenskultur zu entwickeln, die mir Kraft gab, auch mit dem Unerfüllten meines Lebens besser umzugehen. Und so dauerte es glücklicherweise nicht lange, bis der Sturm im Wasserglas sich legte und mein Herz wieder zur Ruhe kam.

Keine Frage, Bedürfnisse haben uns Wichtiges zu sagen und leisten uns auf unserem Lebensweg wertvolle Dienste. Dennoch zeigt die Erfahrung, dass wir leicht in die Gefahr geraten, uns zu ihren Sklaven zu machen, anstatt sie auf eine Weise zu gestalten, die uns dient und reifen lässt. Umso wichtiger scheint es mir,

Prioritäten zu setzen und dann auch dafür einzustehen, selbst wenn das zuweilen durchaus ein Kampf sein kann.

Mir meine Bedürfnisse einzugestehen, macht barmherzig im Umgang mit mir selbst – und auch mit anderen! Während unseres Kommunikationstrainings durften wir auf eindrückliche Weise erfahren, wie befreiend es sein kann, Bedürfnisse ins Wort zu bringen. Es entstand eine Atmosphäre von so entwaffnender Offenheit, dass wir den Mut fanden, einander unsere Bedürftigkeit zu zeigen. Was für eine zutiefst berührende – und für das Miteinander unserer Gemeinschaft unendlich fruchtbare Erfahrung!

ENTSCHEIDUNGEN, ENTSCHIEDENHEIT UND TREUE

Eine Entscheidung zu treffen und zu dieser Entscheidung zu stehen: Das ist für mich die zentrale Bedeutung von Treue. Am deutlichsten wird dies ja im Eheversprechen, in dem man bekundet, dass man den Rest seines Lebens mit seinem Partner oder seiner Partnerin verbringen will. Egal, was kommt, in guten wie in schlechten Tagen, in Freud und Leid. Das klingt am Hochzeitstag natürlich fürchterlich romantisch und es fühlt sich so rosarot an, dass einem das Herz zerspringen will. Im Alltag ist es aber häufig genau das Gegenteil. Treue ist Kampf. Treue heißt bleiben, wenn es wehtut. Treue wird erst real, wenn die Komfortzone längst am Horizont verschwunden ist. Und Treue bedeutet, sich immer wieder selbst zu reflektieren und zu hinterfragen. Denn der Grat zwischen bedingungsloser Treue, Selbstaufgabe und Hörigkeit ist sehr schmal.

Dass Treue hinterfragt werden muss, wurde mir schon als Kind bewusst. Irgendwann in den 1980ern, als es lediglich drei Programme gab, sah ich im Fernsehen die Spielfilmfassung des Nibelungenliedes, gedreht 1967 von Arthur Brauner. Alles sehr bunt, alles sehr pompös, ein typischer Abenteuerfilm aus jener Zeit, der sich durchaus an den internationalen Produktionen jener Zeit messen ließ. Doch inhaltlich bleibt der Film sehr nahe an der düster-tragischen Handlung des deutschen Nationalepos: Liebe, Rache und jede Menge Treueschwüre. Doppelt und dreifach wird da geschworen, jeder scheint jedem verpflichtet zu sein, durch Heirat, Geburt, Eid, Liebe. Und am Ende gehen alle wissentlich in den Tod. Sie stellen die Treue nicht nur über ihr Leben, sondern auch über den Verstand. Nibelungentreue halt. Und erst am Ende, als eine ganze Welt mit Blut und Leichen bedeckt zu sein scheint, kommt jemand zur Vernunft. „So ergeht es Männern, die einem Mörder die Treue halten“, lässt der Drehbuchschreiber Dietrich von Bern sagen. Ein Seitenhieb auf die pathologische Fixierung der Nazis auf den Begriff der Treue.

Keine 25 Jahre lagen zwischen diesem Film und den Schrecken von Stalingrad, der Stadt, die bis zur letzten Patrone verteidigt werden sollte. Der Stadt, in der Hunderttausende starben. Der Stadt, die wie kaum eine andere für den Irrsinn der Treue steht. Wo hört sie auf? Wo beginnt der Wahnsinn? Und wie viel Leid darf Treue in die Welt bringen? Wichtige Fragen, denn zu schnell wird aus den edlen Idealen der Treue nichts als blinder Gehorsam. Und unter ihrem Deckmantel verschwindet jede Form der Menschlichkeit.

Treue zu Gott, Treue zu einem Menschen, Treue zu einem politischen Führer. All dies kann ein Leben vollkommen erfüllen und ihm einen Sinn geben, der weit über die eigene Existenz hinausreicht. Ganz Ja zu sagen, sich mit Haut und Haaren einer Sache oder einer Person zu verschreiben, ist vielleicht die größte Herausforderung, der man im Leben begegnet. Man muss sich selbst zurücknehmen können, manchmal in den sauren Apfel beißen und dauerhaft mit seinen Zweifeln im Gespräch bleiben. Was ist richtig? Was ist falsch? Bleibe ich treu, egal was kommt? Bleibe ich verbindlich? Und was ist eigentlich diese Treue zu sich selbst, von der alle immer reden? Wann ist der Zeitpunkt erreicht, an dem es wichtiger wird, an sich selbst zu denken? Der Zeitpunkt, an dem der Selbsterhaltungstrieb stärker ist als jeder Treueschwur? Ich denke, Ordensschwestern wie jene in Arenberg sind Meisterinnen darin, sich solchen unbequemen Fragen immer wieder zu stellen. Und ich denke, sie machen das viel bewusster und ergebnisoffener als so manches Ehepaar, das sich vor 30, 40 oder 50 Jahren die Treue schwor. Wenn man es sich mit der Treue nämlich zu einfach macht, dann ist sie kein bewusstes und immer wieder neu ausgesprochenes Ja. Dann bleibt man treu aus Gewohnheit. Aus Mangel an Alternativen. Und aus Bequemlichkeit.

Als Ehemann bedeutet Treue für mich, zur Entscheidung zu stehen, das Leben gemeinsam mit dieser Frau meistern zu können und zu wollen. Es bedeutet, immer wieder Ja zu meiner Frau zu sagen. Und diese leichte sprachliche Unschärfe ist jetzt durchaus gewollt. Ja zu dieser Ehe und Ja zur Frau, wenn sie mal wieder sagt, dass wir noch das Wohnzimmer saugen müssen. Auch das gehört zum Geheimnis einer glücklichen Ehe.

Treue braucht Stärke, man muss sie aushalten können und man muss sich von ihr lossagen können, selbst wenn dadurch eine Welt zerbricht. Ansonsten zerbricht man an ihr.

● ○

Was ist das eigentlich für eine Frage: „Willst du gesund werden?" – Im fünften Kapitel des Johannesevangeliums ist die Geschichte der Heilung eines Kranken am Teich von Betesda überliefert. Vielleicht lässt sich dieser Ort der Antike am besten vergleichen mit einem Wallfahrtsort wie Lourdes: Zahlreiche Kranke, Gelähmte und Blinde hofften dort auf Heilung. So wie dieser eine Mann, der bereits seit achtunddreißig Jahren krank war. Jesus sieht ihn, erkennt, dass er schon so lange krank ist, und stellt ihm die scheinbar überflüssigste Frage, die er an diesem Ort, in dieser Situation stellen kann: „Willst du gesund werden?" Doch die merkwürdige Antwort des Kranken lässt bereits ahnen, dass weit mehr dahintersteckt: „Herr, ich habe keinen Menschen, der mich, sobald das Wasser aufwallt, in den Teich trägt. Während ich mich hinschleppe, steigt schon ein anderer vor mir hinein." Ist das nicht seltsam? Da ist ein Mann achtunddreißig Jahre lang krank, und er befindet sich an einem Hoffnungsort, an dem immer wieder Heilungen geschehen – aber dennoch weiß er auf die Frage, ob er gesund werden will, keine eindeutige Antwort mehr zu geben. Warum schreit er Jesus nicht ein klares „JA" entgegen? Doch auch ohne dieses „JA" heilt Jesus den Gelähmten mit der klaren Ansage: „Steh auf, nimm deine Bahre und geh!" – und als sei es das Selbstverständlichste der Welt, berichtet der Evangelist weiter: „Sofort wurde der Mann gesund, nahm seine Bahre und ging."[27] Nach achtunddreißig Jahren!

Was kann uns die Geschichte heute lehren? Irgendwann einmal hat der kranke Mann entschieden, sich an diesen besonderen Ort zu begeben – in der Hoffnung auf Heilung. Doch was als hoffnungsvoller Aufbruch begann, endete in einem Desaster. Offenbar entmutigt durch zahlreiche Enttäuschungen, verliert der Kranke sein Ziel aus den Augen. Wie groß muss die Lähmung seiner Seele sein, wenn er nicht einmal mehr wahrnehmen kann, dass ihm in der Begegnung mit Jesus der Zugang in ein neues Leben offen steht – ein heiles Leben, welches ihm so lange Zeit verwehrt geblieben ist? Doch anstatt sich diesem Heil zu öffnen, welches ihm in Jesus entgegenkommt, bleibt er stecken in dem, was lebensbehindernd ist, im tödlichen Sumpf seiner enttäuschten Erwartungen.

Die Geschichte des Gelähmten zeigt: Es genügt nicht, richtige Lebensentscheidungen zu treffen, sondern es gilt, sie dann auch zu leben! Erst der lange Atem der Entschiedenheit hilft dabei, den Grund des Aufbruchs nicht aus den Augen zu verlieren. Was einst mit großem Enthusiasmus begonnen wurde, steht immer auch in der Gefahr, an den vielen kleinen Enttäuschungen zu ersticken. Die anfängliche Hoffnung des Kranken bestand gewiss nicht darin, von jemandem ans Wasser getragen zu werden – er war vielmehr aufgebrochen mit dem Willen, gesund zu werden!

Es braucht großen inneren Einsatz, um unsere ursprüngliche Sehnsucht immer wieder dem Sog des Alltagsgraus abzutrotzen. Viel zu schnell sind wir manchmal dabei, uns mit Naheliegendem abzuspeisen, anstatt uns auf das Große auszurichten, für das wir uns einmal entschieden haben.

Auch im Kloster kann es passieren: Mit großer Begeisterung wähle ich diese Lebensform, um meiner Suche nach Gott Raum zu geben und seine Liebe in die Welt und zu den Menschen zu tragen. Ich fälle die Entscheidung sehr bewusst, weil ich davon überzeugt bin, dass es mein persönlicher Weg in die verheißene Lebensfülle ist. Und ich begebe mich durch meinen Eintritt in einen Kontext, von dem ich glaube, dass er mir dabei hilft, mein Ziel zu verfolgen. Doch spätestens nach dem Noviziat kehrt plötzlich der Alltag ein: Ich bin zunehmend eingespannt, werde angefragt, übernehme eine Aufgabe nach der anderen, stelle mehr und mehr auch nach außen etwas dar und weiß gar nicht mehr, wie ich mit der Fülle an Erwartungen umgehen soll, die mir Tag für Tag begegnen. Lebensfülle? Das scheint plötzlich ein unerreichbarer Luxus zu sein, vielleicht irgendwann später mal. Liebe zu den Menschen tragen? Ja, ganz nette Idee, wenn da nicht die nervigen Mitschwestern wären, die mir ja gar nicht die Möglichkeit geben, so liebenswürdig zu sein, wie ich wirklich bin.

Und so geschieht es, dass unser anfängliches „Wofür?" zuweilen unmerklich stirbt, wir irgendwann gar nicht mehr wissen, was wir sollen oder wollen.

„Willst du gesund werden?", „Willst du lieben?", „Willst du glücklich sein?", „Willst du Beziehung leben?", „Willst du dich versöhnen?", „Willst du glauben?" – scheinbar überflüssige Fragen wie diese sind es, die uns dabei helfen können, unseren vielen Wenns und Abers, auf die Schliche zu kommen, die uns daran hindern, treu und entschieden den Weg unserer Menschwerdung zu gehen. Es sind Fragen, die – je nach Lebenssituation – schmerzen können, weil das Ziel so unerreichbar scheint. Doch dieser Schmerz ist ein Heilungsschmerz, bringt er uns doch wieder in Berührung mit unserer wahren Bestimmung.

„Steh auf, nimm deine Bahre und geh!", sagt Jesus zu dem Mann, der sich selbst achtunddreißig Jahre lang zu diesem Schritt nicht in der Lage sah. Die Aufforderung Jesu befähigt ihn, jetzt diesen entscheidendsten Schritt seines Lebens zu setzen: inmitten einer Wirklichkeit, die durch und durch lebensbehindernd scheint, zu erkennen, dass das Heil genau dort ist, wo ich bin. Und sofort wurde der Mann gesund.

HOFFNUNG

Nichts verbinde ich so sehr mit der Hoffnung wie die Heilige Nacht, obwohl Ostern mit Kreuzigung, Tod und Wiederauferstehung das viel größere Wunder ist und den Kern des christlichen Glaubens darstellt. Ja, all das ist fantastisch und – „Halleluja!" – über diese Botschaft können wir uns wahrlich freuen. Trotzdem. Wirklich bewegt werde ich in der Heiligen Nacht, und zwar ganz genau drei Minuten und 48 Sekunden lang. Drei Minuten und 48 Sekunden, die für mich den Zauber der Weihnacht ausmachen, in denen für mich die Welt stillsteht. Drei Minuten und 48 Sekunden pure, klare und ätherische Hoffnung. Sie sind ein zarter Anfang, sie sind das geflüsterte Versprechen auf Frieden. Und sie beginnen genau um 0.00 Uhr in der Weihnacht.

Wenn all der Stress der Vorweihnachtszeit mit Parkplatzsuche, überfüllten Kaufhäusern und Weihnachtsmarkt-Budenzauber von einem abfällt. Wenn der Familienstreit vom Nachmittag verblasst. Wenn die Geschenke verteilt und ausgepackt sind. Wenn das Festmahl schwer im Magen liegt und ein paar Gläser Rotwein die angespannten Nerven beruhigt haben. Wenn die Christmette besucht und die Anspannung einer friedvollen Stimmung gewichen ist, dann darf ich knapp vier Minuten puren Friedens genießen.

Verantwortlich dafür ist Mike Litt, der seit Ende der 1990er-Jahre als „einsamster DJ der Welt" im 1Live-Hörfunk den Heiligen Abend moderiert. Er sitzt allein im Studio, liest Briefe und E-Mails seiner Zuhörer vor und spielt Musik, die man sonst eher selten im Radio hört. Keine Weihnachtsmusik im klassischen Sinne, eher Schräges und Kultiges aus allen Nischen der Rock- und Popgeschichte. Und traditionell lässt er jedes Jahr genau um

Mitternacht einen sehr besonderen Song laufen: eine ganz spezielle, extrem langsam gesungene englische A-cappella-Version des Liedes „Stille Nacht" von Sinéad O'Connor.

Ich bin kein Experte, aber ich vermute, wenn es im Himmel singende Engel gibt, dann klingen sie wie Sinéad O'Connor in diesem Lied.

In diesen knapp vier Minuten höre ich und spüre. Stille. Ich denke an ein Neugeborenes, auf dessen Schultern die Wünsche einer ganzen Welt liegen. Ich hoffe und glaube. Schutzlos und nackt sendet dieses Kind ein Versprechen in die Welt. Ich danke und liebe. Ich ahne, dass dieses Kind Frieden bringen kann und wird. Dass die Botschaft dieses Säuglings stärker ist als alle Diktaturen, Terror, Hass und Neid. Diese drei Minuten und 48 Sekunden sind mein ganz persönliches Glaubensbekenntnis. Jahr für Jahr. Neu.

● ○

„Hoffnung aber, die man bereits erfüllt sieht, ist keine Hoffnung. Denn wie kann man auf etwas hoffen, das man sieht?"[28] – es ist ein unbequemer Gedanke und gleichzeitig eine gute Frage, die der Apostel Paulus in seinem Brief an die Römer stellt. Ich höre in ihr die Herausforderung, den Begriff Hoffnung zu reinigen und gleichzeitig neu aufleuchten zu lassen. Ich selbst ertappe mich recht oft dabei, Hoffnung mit bloßem Wunschdenken zu verwechseln: Ich wähle eine bestimmte Lebensform und hoffe, darin glücklich zu werden. Ein geliebter Mensch ist krank, und natürlich hoffe ich, dass er wieder gesund wird. Ich stelle mich einer neuen Aufgabe und hoffe, ihr gewachsen zu sein. Ich erlebe, wie es in der Welt zugeht, und hoffe, dass die Bemühungen um Frieden irgendwann doch noch Frucht bringen. „Es wird schon irgendwie alles gut gehen...", so hoffe ich. Dieses Hoffen aufs Gutgehen ist natürlich nicht nur legitim, sondern auch ein überaus wichtiger Motor unseres Handelns, die christliche Hoffnung aber gründet unendlich viel tiefer.

Das Evangelium lädt uns ein, unsere Hoffnung nicht auf *etwas*, sondern ganz konkret auf *jemanden*, nämlich auf Jesus Christus zu richten. Verrückterweise ist es ja ausgerechnet in seinem irdischen Leben keinesfalls „irgendwie gut gegangen", im Gegenteil. Der zuvor von vielen Menschen Umjubelte scheitert am Kreuz, wo er unter dem Hohn und Spott seiner Henker einen spektakulär schmählichen Tod stirbt. „Wir aber hatten gehofft, dass er der sei, der Israel erlösen werde...", so klagen die beiden Jünger drei Tage später auf dem Weg nach Emmaus dem Auferstandenen, als er sich ihnen unerkannt zugesellt.[29] Sie kommen, wie viele andere, nicht über dieses Ende hinweg, es scheint, dass mit dem Tod Jesu zugleich ihre ganze Hoffnung begraben wurde. Die Enttäuschung ist riesig, im wahrsten Sinne des Wortes. Konnten sie sich wirklich derart getäuscht haben, als sie diesem Jesus ihr Vertrauen schenkten?

Doch nicht alle Beteiligten lassen sich von der Katastrophe des Karfreitags gleichermaßen entmutigen: „Am ersten Tag der Woche kam Maria von Magdala frühmorgens, als es noch dunkel war, zum Grab"[30], so berichtet uns der Evangelist Johannes. Was um alles in der Welt hatte denn Maria von Magdala dort zu suchen, in dieser Herrgottsfrühe, als es noch dunkel war? Hätte nicht auch sie vernünftigerweise einsehen müssen, dass an Jesu Grab nach dieser Katastrophe nichts mehr zu holen sein konnte? Nein, sie, die große Liebende, macht sich *trotz* allem auf den Weg zu ihrem Herrn und Meister, in einem Augenblick, in dem sie von ihm eigentlich gar nichts mehr zu erhoffen hatte. Am Verhalten Maria

Magdalenas wird mir deutlich, wie viel mehr Hoffnung ist als ein paar positive Gedanken, mit denen ich mich über eine Misere hinwegtröste. Ich wage zu behaupten: Hoffnung ist eine existenzielle Trotz-Reaktion, sie ist die trotzigste aller Reaktionen auf den Tod, zu der allein ein leidenschaftlich liebendes Herz fähig ist. Damit meine ich nicht nur die Hoffnung auf ein Leben nach dem leiblichen Tod, sondern auch die starke Hoffnung, dass das Leben sich im Hier und Jetzt immer wieder Bahn bricht, manchmal inmitten der widrigsten Umstände. Die Trotz-Kraft der Hoffnung bewirkt, dass ich mich nicht einfach abfinde mit dem, was ist, sondern meine Seele immer wieder aufschwinge zu dem, der allein die Macht hat, uns zu erlösen. Die Hoffnung entfesselt ungeahnte Kräfte und lässt mich weiterkämpfen, gerade auch in Situationen, die vollkommen aussichtslos erscheinen. Auf dem Höhepunkt ihrer Verzweiflung begegnet Maria Magdalena dem vollkommen Unerwarteten: als Erste offenbart sich ihr der auferstandene Christus – von ihm gesandt, darf sie den Jüngern die frohe Botschaft verkünden und wird dadurch zur Apostolin der Apostel.

Vor einigen Jahren bekam ich die Gelegenheit, mit einem langjährigen Mitarbeiter einer Suchtberatungsstelle zu sprechen. Ich staunte nicht schlecht, als er mir erzählte, dass die allermeisten Menschen, die den Weg zur Beratungsstelle wagen, es tatsächlich schaffen, dauerhaft von ihrer Sucht loszukommen. Als ich ihn nach seinem Erfolgsrezept fragte, strahlte er über beide Ohren und sagte: „Das Erfolgsrezept ist auch das Schönste an meinem Beruf: Ich hoffe für die Menschen, die jegliche Hoffnung auf ein befreites Leben verloren haben. Ich hoffe für sie und mit ihnen, mit allen Kräften meines Herzens. Das ist mein Job hier."

Wo würde die Welt heute stehen, gäbe es nicht zu allen Zeiten Menschen, die mit ihrer ganzen Kraft Hoffnung dorthin tragen, wo Entmutigung und Perspektivlosigkeit (wie Krebsgeschwüre) den Lebensmut rauben? Wie trostlos würde es in unserer Welt zugehen, wenn wir einander nicht immer wieder auch im Kleinen helfen würden, unsere Hoffnung zu stärken? Hoffnung will genährt werden, sonst verkümmert sie. Unser aller Auftrag ist es, sie inmitten größter Anfechtungen lebendig zu halten, indem wir sie teilen, indem wir miteinander und füreinander hoffen.

„Hoffnung, die man bereits erfüllt sieht, ist keine Hoffnung." Vielleicht ist es unser aller wichtigster Job hier auf Erden, ALLES zu hoffen zu wagen, auch und gerade das, was nicht im Horizont unserer Erwartungen liegt. Nein, unser Leben wird nicht irgendwie gut gehen. Es wird vollendet in Herrlichkeit. Das jedenfalls ist *meine* tiefste Hoffnung.

GEMEINSCHAFT UND GEMEINDE

Ich weiche in vielen Bereichen von der Norm ab – sei es in meinem Musik- und Filmgeschmack, sei es in meinem Hang für das Morbide oder einfach in meiner Sympathie für extreme Positionen. Wenn es aber um Kirche, Gemeinde und Gottesdienst geht, bin ich unauffällig wie die graue Kirchenmaus.

Im Nebel. Bei Dunkelheit.

Will sagen, ich gehe vielleicht am Heiligen Abend in den Gottesdienst, wenn jemand heiratet, stirbt oder seine Erstkommunion feiert. Ansonsten nicht. Von zusätzlichen Aktivitäten in einer Gemeinde, die darüber hinausgehen, ganz zu schweigen.

Ich wohnte zehn Jahre lang direkt neben einer katholischen Kirche. Vom Balkon aus, auf dem ich immer rauchte, konnte ich das Gebäude sehen. Und da ich oft rauchte, hatte ich es sozusagen ständig vor Augen. In den Ohren übrigens auch, denn die Glocken läuteten täglich zwischen 7 Uhr morgens und 22 Uhr abends. Halbstündlich. Sonntagmorgens zur Messe auch gerne mit sehr viel Rambazamba.

Meine Kirchengemeinde war also in der Vergangenheit sehr präsent in meinem Leben. Und trotzdem war ich in diesen zehn Jahren nicht ein einziges Mal in dieser Kirche. Nichts zog mich dahin, weil niemand mich dahin zog. Obwohl die Voraussetzungen, die ich mitbringe, nicht die schlechtesten sind: Sagen wir mal, dass ich – irgendwie – an Gott glaube, dass ich einen großen Hang zum Pathos habe und dass ich – ganz allgemein – die ruhige, erhabene Stimmung in Kirchen liebe. Wieso besuche ich also auch heute, wo ich längst nicht mehr neben dieser Kirche wohne, nicht den Gottesdienst? Warum suche ich keinen Kontakt zu meiner neuen Gemeinde?

Ich denke, dass es eine ganze Reihe von Ursachen gibt und dass bestimmt auch jede Menge Vorurteile meinerseits eine Rolle spielen. Ich weiß, dass diese Vorurteile ungerecht sind, denn ich kenne die Menschen nicht, die dort arbeiten, die sich engagieren und die versuchen, ein lebendiges Gemeindeleben aufzubauen. Aber ich habe halt diverse Klischees im Kopf. Eines zeigt ein Grüppchen von Menschen, das sich nach außen abschottet. Menschen, die einen Kreis um etwas bilden und dadurch der Welt außerhalb dieses Kreises den Rücken zukehren.

Menschen, die ich gerne „Superchristen" nenne.

Immer freundlich und schrecklich humorlos. Toleranz predigend, aber im Alltag das Gegenteil lebend.

Menschen, die in der Kirche alles richtig machen, an den richtigen Stellen der Messe aufstehen, die Lieder auswendig kennen und mir dadurch das Gefühl geben, nicht auszureichen.

Als wenn ich das nicht selbst wüsste.

Das ist das Bild in meinem Kopf, wenn es um die Gemeindearbeit geht. Dazu kommt eine weitere ganz persönliche Charaktereigenschaft von mir: Ich bin schüchtern. Unter fremden Menschen fühle ich mich unbehaglich. Folglich gehe ich auch ungern auf fremde Menschen zu. Wenn ich ehrlich bin, habe ich auch keine Ahnung, wie und wo ich bei wem in meiner Gemeinde vorstellig werden könnte. Und was sollte ich auch sagen? „Hallo, ich würde gern bei euch mitmachen."?

Nein, ich brauche Angebote. Angebote, die mich da abholen, wo ich stehe. Angebote, die mich mitnehmen und die mir zumindest ein klein wenig das Gefühl vermitteln, dass da jemand ist, der an mir, meinem Leben und an meinen Fähigkeiten Interesse hat. Man muss mir nicht hinterherlaufen, aber ich fände es sehr angenehm, wenn man mir entgegenkäme. Oder zumindest irgendwo in der Ferne mit offenen Armen stünde. Symbolisch.

Ich denke, dass es vielen Menschen so geht und dass dies ein Hauptgrund dafür ist, dass sich die Kirchen vor Ort und die Menschen voneinander entfernen.

Das ist unglaublich schade. Wenn ich mir beispielsweise die Homepage meiner Gemeinde anschaue, sehe ich nichts, was Außenstehenden – und so einer bin ich – signalisiert: *Komm doch mal vorbei!* Da ist kein: *Super, dass du da bist.* Kein: *Du kannst hier nichts falsch machen.* Sicher, es gibt einen Chor, es gibt die Messdiener- und Jugendgruppen und natürlich auch das Kaffeekränzchen für die Zielgruppe Ü65. Aber da ist nichts, was sich an der Lebenswirklichkeit eines Mitte-40-Jährigen orientiert. Ich brauche keinen Adventsbasar, keine Waffelstände, kein schlecht gezapftes Bier aus schlecht gespülten Biergläsern. Wieder eines dieser Klischees, ich weiß.

Mir fehlen Angebote, um Ruhe zu finden. Angebote, die eine Spiritualität in den Alltag bringen. Kleine Impulse. Niedrigschwellige Angebote, die ich nutzen kann. Zu Zeiten, an denen ich frei habe. Es muss nicht die große Messe sein. Ein kleiner Vortrag über die kleinen Dinge des Alltags und ihren Bezug zum großen Ganzen würde mir reichen.

Und mir fehlen Gesichter. Mir fehlen echte Menschen mit Leidenschaft, die für ihre Sache brennen und dadurch die Gemeinde nach außen vertreten. Es ist symptomatisch, dass ich noch nicht einmal weiß, wie der Pfarrer meiner Gemeinde aussieht.

Warum nicht mal zu den Menschen hingehen, wenn die nicht in die Kirche kommen?

Warum keine Vorträge zu Themen, die ganz nah am Leben sind?

Warum keine Rituale, die einen in eine neue Gemeinde einführen?

Warum nicht mal eine Umfrage dazu, was den Menschen der Gemeinde fehlt?

Warum keine Flyer im Briefkasten? Von mir aus sogar wöchentlich.

Ich wünsche mir mehr Beharrlichkeit von meiner Kirche vor Ort. Machen wir uns nichts vor: Kirche, Gemeindearbeit, Glauben oder Gott begleiten mich nicht zwingend durch meinen Arbeitsalltag. Das ist bedauerlich, aber ich bin in meinem Kopf einfach voll mit Arbeit, mit Erledigungen, mit Haushalt und E-Mails, mit Telefonaten, dem nächsten Zahnarzttermin. Und immer ist da noch ein Paket, das in der Postfiliale abgeholt werden muss. Da muss Kirche einfach viele und starke Impulse aussenden, damit sie in meinem Alltag nicht untergeht.

Der Gemeindebrief ein paar Mal im Jahr ist mir zu wenig. Ganz davon abgesehen, dass dort meist nur über Veranstaltungen berichtet wird, die bereits stattgefunden haben. Da steht, was ich verpasst habe, nicht, was ich erleben könnte.

Dass man mich trotz dieser eher negativen Grundstimmung durchaus für religiös-spirituelle Angebote gewinnen kann, dass es solche Angebote, die mich ansprechen, überhaupt gibt, habe ich lange Zeit nicht für möglich gehalten. Durch zahlreiche Aufenthalte im Kloster Arenberg und die dort herrschende authentische Offenheit wurde ich jedoch eines Besseren belehrt. Mich kann man mit religiösen Themen packen! Und die Damen in Weiß haben das ganz einfach mit einem ehrlichen Lächeln geschafft, mit kerniger Bodenständigkeit, mit einem zwinkernden Auge und mit Fünfen, die einfach mal gerade gelassen werden. Super.

Ich wünschte mir, dass meine Gemeinde vor Ort und die vielen anderen Gemeinden vor anderen Orten ebenso leichtfüßig agieren würden. Die Kirchen wären voller, das Gemeindeleben lebendiger, die Menschen näher bei ihren Nachbarn.

Näher bei sich selbst.

Und Gott.

● ○

In einem mehr als tausend Jahre alten Bibelcodex, dem Codex Egberti, gibt es eine Zeichnung, die für mich im Alltag zum kleinen Anker geworden ist und mich immer wieder zum Schmunzeln bringt. Dargestellt ist dort die Berufung des Zöllners Levi, wie sie im zweiten Kapitel des Markusevangeliums beschrieben ist. Jesus steht dort mit zwei seiner Jünger an der Zollstation, wo Levi gerade voll im Einsatz ist und seiner Arbeit nachgeht. Und Jesus zeigt mit dem Finger auf ihn, als Zeichen, dass er ihn in die Schar seiner Jünger berufen will. Lustig wird die ganze Szenerie, wenn man den Handelnden mal auf die Füße schaut: Petrus, der im Bild direkt hinter Jesus steht, wird die ganze Sache offensichtlich zu heiß – er schaut ganz entsetzt und will schon davonlaufen. Seine ganze Haltung drückt aus: „Was, DEN willst du berufen???" Und Jesus, der sich eigentlich mit seiner ganzen Gestalt Levi zuwendet, stellt sich aber gleichzeitig mit seinem linken Fuß auf Petrus' Fuß, als wolle er ihn auf diese Weise sanft, aber bestimmt am Weglaufen hindern.

Schmunzeln muss ich deshalb, weil dieses Bild eine Realität wiedergibt, mit der wir in unserer Gemeinschaft, aber auch in jeder christlichen Gemeinde Tag für Tag umzugehen haben.

Wahrscheinlich ist es für Außenstehende manchmal schwer vorstellbar, was es heißt, in einer Ordensgemeinschaft unterwegs zu sein. Vor einigen Jahren war ich einmal in Heimaturlaub und hörte, wie mein kleines Patenkind beim Spielen seiner Freundin erklärte, wer ich bin: „Das ist meine Patentante. Sie lebt in einem Kloster und hat dort gaaanz viele Freundinnen. Und stell dir vor, die sind alle genauso angezogen wie sie!"

Dadurch, dass wir alle die gleichen Kleider tragen und unser Leben teilen, entsteht nach außen hin tatsächlich oft der Eindruck, wir würden auch alle zumindest ähnlich ticken. Klar, was uns zutiefst verbindet, ist, dass wir alle uns irgendwann einmal – von Christus bewegt – für diese Lebensform in der Gemeinschaft der Arenberger Dominikanerinnen entschieden haben. Aber ausgesucht haben wir einander keineswegs. Daher sehen wir uns selbst auch erst einmal als Schwestern und nicht als Freundinnen – wobei das eine das andere natürlich nicht ausschließt! So kommt es, dass in unseren Konventen zuweilen menschliche Extreme aufeinanderprallen – allein schon was Herkunft, Alter, Spiritualität, Charakter, Humor, Verwundungen und Prägungen angeht, von der „Tagesform" jeder einzelnen Schwester mal ganz zu schweigen. Da ist es klar, dass es nicht selten Reibungen gibt und ab und an auch mal ganz ordentlich die Fetzen fliegen.

Dies hat unser hl. Augustinus, nach dessen Ordensregel wir leben, allerdings erst einmal nicht so vorgesehen, schreibt er doch als wichtigsten Leitsatz gleich im ersten Kapitel:

„Zuallererst sollt ihr einmütig zusammenwohnend, wie ein Herz und eine Seele auf dem Weg zu Gott sein." Wir alle wissen, dass dieses „Ein Herz und eine Seele sein" in den alltäglichen Beanspruchungen eine ungeheure Herausforderung ist, nicht selten eher Wunschtraum als Wirklichkeit. Und doch lohnt es sich, nicht müde zu werden und mit all unseren Kräften für das scheinbar Unmögliche zu kämpfen. Denn das, was wir hier im Kloster und auch in anderen Gemeinschaften Tag für Tag wie in einem „Trainingscamp" üben dürfen, ist vielleicht auch gleichzeitig das Schönste am Menschsein überhaupt: immer wieder einander zu verzeihen, statt im Zorn zu verharren, aufeinander zuzugehen, statt Mauern aufzubauen, wirklich zuzuhören, statt zu verurteilen, voneinander zu lernen, anstatt immer alles besser wissen zu wollen, einander etwas zuzutrauen, statt zu resignieren, über alle generationsbedingten und sozialen Grenzen hinweg Freude und Leid, Trauer und Angst, Hoffnungen und Sehnsüchte zu teilen.

Je länger ich in unserer Gemeinschaft unterwegs bin, umso mehr wird mir bewusst, dass ein gutes Miteinander – bei allem persönlichen Bemühen – vor allem auch Geschenk, ja sogar ein Wunder ist, das wir im Grunde gar nicht selbst „machen" können. Da hilft es mir sehr, darauf zu vertrauen, dass wir nicht einfach durch einen dummen Zufall hier in diesem Verein gelandet sind, sondern tatsächlich, weil jede Einzelne von uns in diese Lebensform hineingerufen wurde und wir eine gemeinsame Mission haben: das Gottesreich in dieser Welt lebendig werden zu lassen. Und wenn es mir manchmal zu bunt wird und ich davonlaufen möchte, dann betrachte ich den Fuß Jesu auf dem Fuß des Petrus. Das lässt mich weitergehen.

GLAUBE

Manchmal, nein, eigentlich regelmäßig fühle ich mich in dieser Gesellschaft wie ein Alien. Dann schaue ich mich um, sehe Menschen, Häuser, Autos, sehe fern, schaue ins Internet, lese Zeitungen und habe dabei das Gefühl, rein gar nichts zu verstehen. Mich selbst nicht und die anderen nicht. Alles bleibt mir fremd. Absurd wie ein Stück von Beckett. Samuel, nicht Simon.

Ich finde es zum Beispiel immer sehr verwirrend und schräg, dass wir vorgeben eine unglaublich offene, tolerante Gesellschaft zu sein, wir es aber nur partiell sind. Auf Partys können wir stundenlang über unsere intimsten Piercings und unser Sexualleben reden, unsere Politiker beichten ihre Drogenvergangenheit, und ob jemand hetero-, homo-, bi- oder was-auch-immer-sexuell ist, spielt schon lange keine Rolle mehr – sollte es zumindest nicht. Und das ist auch alles gut so. Fragt man jedoch jemanden, ob er an Gott glaubt, herrscht häufig ein peinliches Schweigen. So, als wäre diese Frage viel zu persönlich und überhaupt völlig unangemessen. Ein Fettnapf in Swimmingpoolgröße. Und noch viel schlimmer ist es in der Onlinewelt. Da, wo wir uns eben nicht von Angesicht zu Angesicht gegenüberstehen. Da, wo der andere immer nur einer in einer mehr oder weniger großen Gruppe von anderen ist. Da posten wir Bilder unseres Essens auf Instagram, teilen freizügige Bikini-Urlaubsfotos auf Facebook, veröffentlichen unsere Spotify-Playlisten und schildern über Hashtags wie #aufschrei oder #notjustsad unsere Erfahrungen mit Sexismus und Depressionen. Wir machen uns im Netz – oft genug im wörtlichen Sinn – nackig. Nur über unseren christlichen Glauben legen wir fast immer den Mantel des Schweigens. Die Frohe Botschaft bleibt stumm auf Facebook.

Und das hat durchaus gute Gründe: Wenn du zwischen 20 und 50 Jahre alt bist und dich auf Twitter, Facebook oder Instagram bewegst, werden dir reichlich spöttische Kommentare entgegengeworfen, sobald du irgendwie gläubig daherkommst. Und die Kommentare werden umso spöttischer, je konservativer dein Glaube ist. Soll heißen: Anhänger der Satire-Religion des Fliegenden Spaghettimonsters, die sich – kein Scherz – Pastafari nennen, werden vielleicht noch ob ihrer parodistischen Originalität belächelt. Als katholischer Christ ist man in den Augen anderer User jedoch nicht selten der Inbegriff des reaktionären Kreuzritters, nur einen ideologischen Katzensprung von den durchgeknallten Terroristen des IS entfernt. Ironischerweise sind es häufig die gut gebildeten, postmaterialistisch sozialisierten und Toleranz einfordernden Menschen, die mit einer gewissen Verachtung über die katholische Kirche und deren Mitglieder herziehen.

Dabei könnte es doch eigentlich ganz einfach sein: Jeder sollte an das glauben dürfen, woran er eben glaubt, solange es mit den geltenden Gesetzen in Einklang zu bringen ist und die Freiheit des anderen nicht einschränkt. Das kann Gott sein, Allah, Adonai, Thor, Vishnu oder eben das fliegende Spaghettimonster.

Egal, denn der Glaube hilft. Und ich denke, dass insbesondere der christliche Glaube in dieser wilden, unübersichtlichen Zeit eine wichtige Funktion übernehmen kann. Er gibt Halt, er gibt Hoffnung, er achtet auf ein solidarisches Miteinander. Er schützt die Schwachen. Er verbindet Tradition und Moderne. In einem scheinbar unendlichen Universum voller Atome gibt der christliche Glaube meiner Existenz einen Sinn. Ich will und kann mich nicht damit abfinden, dass menschliches Leben einfach nur durch Zufall, Evolution und ohne jeden göttlichen Impuls entstanden ist. Geboren werden, leben, sterben. Das war's? Das ist mir zu wenig. Mag sein, dass rational-aufgeklärte, wissenschaftlich denkende Menschen dies anders sehen und mich gar belächeln. Egal. Ich kann nicht anders. Und ich will auch nicht anders. Ich glaube an den Glauben – trotz leerer Kirchen und Religions-Bashing.

Ich glaube, dass wir Menschen etwas brauchen, das über uns selbst hinausreicht. Etwas, das wir nicht begreifen können. Etwas, das unserer Existenz über uns selbst hinaus einen Sinn gibt. Und dass dieses Etwas sich in heutiger Zeit nur andere Ausdrucksformen sucht: Yoga, Transzendentale Meditation, Channeling, Naturreligionen, Tarot, Pendeln, Tantra und Reiki, aber auch Higgs-Teilchen, Quantenphysik, Wurmlöcher und Paralleluniversen. All dies sind Symptome unseres Suchens.

Letztendlich denke ich, dass all diese unterschiedlichen Ausdrucksformen des Glaubens, der Spiritualität und der Anbetung sowieso bei derselben Instanz landen – wie auch immer sie von uns Menschen benannt wird. Also keine falsche christliche Scham. Und schon gar nicht im Netz. Wenn Yoga-Retreats für eine Instagram-Story gut sind, warum dann nicht auch Fronleichnamsprozessionen. Mit ihrer Botschaft hat die christliche

Kirche doch nun wahrlich ein Pfund, mit dem sie wuchern kann: Liebe, Vergebung, Frieden und ewiges Leben. Halleluja! Die anderen kochen auch nur mit Wasser. Ich denke, dass wir unseren Glauben selbstbewusster nach außen tragen sollten, und zwar ohne Missionierungs- oder Bekehrungsambitionen. Einfach mit einem gewissen *Standing*, mit Selbstverständlichkeit und Offenheit. Aber auch mit unseren Zweifeln, Bedenken und den Widersprüchen, die das christliche Leben in einer modernen Welt hervorruft.

Es würde unserem alltäglichen Miteinander guttun.

Ja.

Das glaube ich.

● ○

„The unanswered question" – „Die unbeantwortete Frage", lautet der Titel eines Musikstücks des amerikanischen Komponisten Charles Ives. Fundament dieser Komposition bildet eine wunderschöne, harmonische, ganz zarte Folge von Akkorden, die von einem Streichquartett gespielt wird. Doch sieben Mal wird dieser geradezu himmlische Frieden gestört durch ein immer gleiches Trompeten-Motiv, welches die „immerwährende Frage nach dem Sein" in den Raum stellt. Sechs Mal versuchen die Flöten eine Antwort darauf zu geben, zunächst noch recht ruhig, dann immer lauter und hektischer, am Ende geradezu aggressiv und hysterisch. Ein siebtes Mal stellt die Trompete ihre Frage, doch sie verhallt im Nichts, es folgt keine Antwort mehr.

Ich finde, eindrücklicher kann man die Spannung gar nicht darstellen, in der unser Menschsein steht. Es mag ruhige Zeiten geben, in denen es in unserem Leben rundläuft und sich die Frage nach den letzten Dingen nicht so laut stellt. Aber spätestens dann, wenn wir in Situationen kommen, in denen unser alltägliches Fundament erschüttert wird, und wir zu spüren bekommen, wie schmal der Grat zwischen Tod und Leben ist, meldet sie sich mit neuer Eindringlichkeit zurück.

Manchmal hadere ich damit, dass wir ausgerechnet dann, wenn es in unserem Leben existenziell wird, nichts mehr „wissen" können. Ich weiß nicht, ob es Gott gibt. Ich weiß nicht, ob Jesus Gottes Sohn war und wirklich von den Toten auferstanden ist. Ich weiß nicht, ob es ein Leben nach dem Tod gibt. Ich weiß nicht, ob ein anderer Mensch mich liebt, und manchmal weiß ich auch gar nicht so genau, wer ich selbst bin. Es gibt Zeiten, da nehmen die vielen unbeantworteten Fragen mein Herz gefangen und dieses ewige „Nicht-wissen-können" macht mich fast verrückt. Und dennoch ist es auch faszinierend und spannend, dass alles Wichtige im Leben offensichtlich Geheimnis bleibt und geglaubt werden will.

Im sechsten Kapitel des Markusevangeliums ist überliefert, wie Jesus – nachdem er zuvor an anderen Orten bereits viele aufsehenerregende Großtaten gewirkt hat – wieder in seine Heimatstadt Nazareth zurückkehrt, dorthin, wo man ihn von Kind auf kennt. Er lehrt dort am Sabbat in der Synagoge und die Leute sind zunächst außer sich vor Staunen, als sie ihn reden hören. „Was ist das für eine Weisheit, die ihm gegeben ist!", beginnen sie zu fragen und außerdem: „Was sind das für Machttaten, die durch ihn geschehen!"[31] Die große Irritation der Menschen lässt erahnen, dass Jesus sich in seiner Kindheit und Jugend offensichtlich nicht als besonders begabt hervorgetan hat. Das, was die Leute bereits von ihm kennen, passt so gar nicht zu dem Jesus, den sie in diesem Augenblick erleben. „Ist das nicht der Zimmermann, der Sohn der Maria und der Bruder von Jakobus, Joses, Judas und Simon? Und leben nicht seine Schwestern hier unter uns?"[32] Genau diese Situation hätte die Chance sein können, das, was sie über Jesus zu wissen glaubten, infrage zu stellen und mit seiner tieferen Wahrheit in Berührung zu kommen.

Doch leider geschieht genau das Gegenteil: Die Faszination weicht der Ablehnung, sie nehmen Anstoß an ihm. In dem Moment, in dem Jesus den Menschen in seiner Heimat in der Auslegung des Wortes seine wahre Herkunft offenbaren will, sind diese nicht bereit, sich von der Ebene eines oberflächlichen Wissens in andere Gefilde des Erkennens zu trauen. Die traurige Geschichte endet damit, dass Jesus ausgerechnet dort in seiner Heimat keine Wunder tun konnte.

Ich erlebe häufig, dass Menschen zu mir ins Gespräch kommen, die sich danach sehnen, an etwas bzw. jemanden glauben zu können. Damit verbunden ist oft auch die Vorstellung, dass Menschen, die glauben doch irgendwie leichter durchs Leben kommen. Wenn ich glauben kann, dass alles irgendwie einen Sinn hat, dann werde ich so schnell nicht mehr aus der Ruhe zu bringen sein. Natürlich ist es so, dass der Glaube eine neue, wertvolle Qualität ins Leben bringt, aber was mich persönlich angeht, kann ich nur sagen, dass da von himmlischer Ruhe meist nur sehr wenig zu spüren ist – ganz im Gegenteil. Einer unserer Mitbrüder brachte es einmal treffend auf den Punkt: Religiös zu sein, gläubig zu sein bedeutet, sich stören zu lassen. Der Glaube ist nicht etwas Statisches, eine Art Trophäe, die man irgendwann einmal gewonnen hat und dann zum Bewundern in eine Vitrine stellt. Nein, ein lebendiger, reifer und tragender Glaube entwickelt sich im immer neuen Einlassen auf die vielen Fragen und Irritationen, die das Leben in sich birgt.

An jemanden zu glauben hat für mich eine Menge mit einem entscheidenden Schritt zu tun, den die Menschen in Nazareth nicht zu gehen bereit waren: Es gilt, sich zu verabschieden von oberflächlichen Bildern, die ich mir von einem Menschen oder Gott gemacht habe, und mich einzulassen auf das unbekannte „Dahinter", welches ich höchstens erahnen, aber nie ganz begreifen kann. Ja, Jesus ist der Zimmermann, der Sohn der Maria, und wir wissen, aus welcher Familie er stammt, aber erlaube ich ihm auch, mir mehr als das zu werden?

Ich mag den Ausdruck „jemandem Glauben schenken", denn darin wird besonders deutlich, dass es sich beim Glauben um ein Beziehungsgeschehen handelt. Jesus hat sein ganzes Leben lang radikal darauf verzichtet, durch irgendwelche spektakulären Wunder Menschen zum Glauben zu bringen – ganz im Gegenteil: Selbst ihm, dem Sohn Gottes, sind offensichtlich die Hände gebunden, wenn ihm kein Glaube geschenkt wird. Überspitzt formuliert: Wenn ich Jesus nicht glaubend „erlaube", Sohn Gottes zu sein, dann bleibt er für mich eben der Zimmermann.

Vielleicht hilft es, das Ganze einmal herunterzubrechen auf die rein menschliche Beziehungs-Ebene. Ist es nicht immer wieder unglaublich beeindruckend, welche Kräfte in uns freigesetzt werden, wenn jemand zu uns sagt: „Ich glaube an dich" – und das auch und gerade in Situationen, wenn wir den Glauben an uns selbst verloren haben? Diese ungeheure Sprengkraft des „Aneinanderglaubens" wird nicht nur in menschlichen Beziehungen erfahrbar, sondern auch – und das in einem viel umfassenderen Sinne – in unserer Beziehung zu Gott.

Und das Beste ist: Unser Glaube an Gott ist keine Einbahnstraße! ER glaubt nämlich ganz offensichtlich auch an uns, trotz all unserer Unzulänglichkeiten und Macken. Genau diese Erfahrung des bedingungslosen „Angenommenseins" war und ist es, die Menschen in der Begegnung mit Jesus ganz und heil werden ließ.

Aneinander zu glauben ist das, was unserem Miteinander Reichtum und Tiefe verleiht. Wenn ich jemandem glaube, bleibe ich nicht an der Fassade, am augenscheinlich Sichtbaren, hängen, sondern lasse mich ein auf sein Geheimnis, erspüre etwas von seiner eigentlichen Wirklichkeit. Mit anderen Worten: Glaube macht nicht blind, sondern sehend, und zwar: das Wesentliche sehend! Das ist das Fundament, auf dem Gott mit uns unterwegs sein will, das ist das Fundament, das trägt, selbst wenn alles um uns herum dunkel ist und wir nichts mehr verstehen.

GOTT

Es kommt mir schon etwas vermessen vor, dass ausgerechnet ich für dieses Buch einen Text über Gott schreibe.

Was weiß ich denn schon von Gott? Ich kenne ein paar Geschichten aus der Bibel, einige Gebete und die Gründe, warum wir Weihnachten, Ostern und Pfingsten feiern. Aber sonst? Manchmal, wenn ich still werde und mich versuche zu öffnen, habe ich eine Ahnung von Gott. Aber diese Ahnung ist schwach und leise. Sie ist nur das Echo seiner Existenz. Nicht mehr als ein Schatten. Gott bleibt für mich ein Geheimnis. Frustrierend.

Und er macht es den Menschen auch wirklich nicht leicht. „Er liebt jeden von uns", heißt es. „Jeder von uns ist exklusiv durch ihn ins Leben gerufen worden", heißt es. „Für jeden hat er einen ganz besonderen Plan." Und dann schaue ich mich um und frage mich, was für einen Plan der Herr denn für den Obdachlosen in der Fußgängerzone hatte. Oder für meine Schulkameradin, deren Eltern bei einem Autounfall tödlich verunglückten, als wir in der elften Klasse waren. Oder für Menschen, die ihren Partner verlieren? Da kann man dann vor Verzweiflung beten und schreien und beten und weinen und beten und ihn verfluchen, ihm die Gefolgschaft aufkündigen und wieder beten, aber seinen Plan enthüllt er uns nicht. Gott rührt sich nicht für uns Menschen. Man betet, schreit, weint und flucht in eine gottlose Leere. Und diese Leere macht einen nur noch wütender.

„Da gibt es keinen Gott", sagt dann der Zweifel im Herzen. „Wir sind mutterseelenallein in dieser Welt", empört sich die Wut im Herzen. Und der Glaube im Herzen hält die Fresse, weil auch er nicht weiß, wie das denn alles weitergehen soll. Trotzig wie ein kleines Kind beklagt der Glaube die Arroganz und Ignoranz dieses Gottes, der die Menschen angeblich wie ein Vater liebt, sich aber augenscheinlich einen Dreck um sie schert.

Aber trotzdem bleibt er da, der Glaube. Er fragt nach dem Wie, nach dem Warum, sucht nach Gründen und Beweisen. Betet in die Leere. Und lässt Gott Geheimnis sein.

Trotz aller Zweifel an seinem Glauben festzuhalten, wirkt auf viele Menschen naiv, dabei ist es die wahrscheinlich anstrengendste Persönlichkeitsentwicklung, die man durchleben kann. Mit jeder Frage und jedem Problem tritt man vor die Leere Gottes. Tritt mit seinem ganzen Sein vor dieses Schweigen. Man betet für den Sechser im Lotto und nichts passiert. Man betet für Heilung und bleibt krank. Man betet für Frieden und die Nachrichten sind voll von Krieg. Man betet um Antworten und hört nur das rauschende Blut in seinen Ohren und den Herzschlag und ein Pfeifen. Vor diesem Gott bleibt man auf sich allein gestellt. In der Leere.

Aber mit jedem Gebet wächst man eben auch ein wenig. Mit jeder Frage wird man mehr Mensch. Man reift. Lernt nach tausend Fragen und tausend Gebeten langsam zu laufen. Und wächst weiter. Man stolpert unsicher durch die Leere, immer auf der Suche nach Antworten. Geht zunehmend aufrechter und selbstbestimmter. Wagt Wanderungen ins Innere des Ichs. Man lernt sich selbst kennen und erfährt, dass die Leere draußen niemals enden wird, dass Gott sich nicht zeigen wird und sich auch gar nicht zeigen kann, weil er damit alles zerstören würde. Weil die Menschen dann nicht mehr glauben könnten, sondern wissen müssten und sie nur noch hölzerne Figuren auf einem göttlichen Kickertisch wären. Und wer will schon eine Spielfigur sein? Man stellt fest, dass man ins eigene Innen wandern muss, um zu finden, wonach man sucht. Denn alles, alles, alles versteckt sich in diesem Innen. Man ist ein Kosmos voller Lösungen und Antworten in einer Hülle aus Fleisch und Haut. Eine schillernde Seifenblase in der Leere Gottes. Die irgendwann zerplatzen und mit der Leere eins werden wird.

Nein, an ihn zu glauben ist nicht naiv. An ihn zu glauben ist Menschwerdung. Seine Ferne ist ein schmerzhaftes Geschenk. Denn nur durch seine Ferne wird der Mensch frei. Gott ist da. Und nicht. Das ist Gott.

● ○

Auch wenn ER mich schon kannte, bevor ich mir meiner selbst bewusst wurde, auch wenn ich mit 3 Monaten getauft und mir in einer praktizierend katholischen Familie ein überaus liebevoller, behüteter Start ins Leben geschenkt wurde, hat es doch 8 Jahre gedauert, bis ich bewusst etwas von Seiner Gegenwart spürte. Es war ausgerechnet im Augenblick meiner Erstkommunion, die Rahmenbedingungen waren also fast kitschig gut geeignet, um in einen neuen Level der Gotteserfahrung einzutreten. Aber: Ich hatte in diesem Moment verrückterweise so ziemlich mit allem eher gerechnet, als dass beim Empfang der Kommunion irgendwas meine kleine Welt Bewegendes geschehen könnte. Ich war nicht frommer als die anderen Kinder, hatte im Kommunionsunterricht nicht besser aufgepasst und war an diesem großen Festtag zuvor innerlich deutlich mehr damit beschäftigt gewesen, nicht über mein langes Kleid zu stolpern, als mich auf eine große Gotteserfahrung vorzubereiten. Natürlich war ich vorweg durchaus neugierig, wie sich das wohl anfühlen würde, Christus – wie ich gelernt hatte – in einem Stück Brot auf diese Weise so nahe zu kommen, aber die unsagbare *Freude*, die ich dabei empfand, als ich die Kommunion zum ersten Mal in Händen hielt, stand in keinem Verhältnis zu dem, was ich mir von diesem Ereignis erwartet hatte. Es war ein Moment, der mich absolut überwältigte und an den ich mich bis heute erinnere, als sei es gestern gewesen. Ganz plötzlich hatte ich das unzweifelhafte Gefühl: GOTT ist da, jetzt, in diesem Augenblick, hier, bei mir. Und dieses Gefühl war verbunden mit der Gewissheit, dass Er mich glücklich machen will.

Okay, ich wusste nun also, dass es Ihn gibt und wartete ungeduldig darauf, dass Er mir nun zeigen würde, wo es langgeht in meinem Leben. Doch nach dieser für mich so spektakulären Erfahrung passierte erst einmal: nichts. Gar nichts. Und zwar jahrelang. Immer wieder lauschte ich aufmerksam Geschichten, in denen andere erzählten, wie Gott zu ihnen gesprochen hatte, aber ich hörte Ihn nicht. Immer wieder bat ich Ihn in meinen Gebeten, er möge mir doch bitte mal klare Ansagen erteilen, was er denn so von meinem Leben hält und wohin er mich führen will, aber es passierte nichts.

Was passierte, war das pralle Leben meiner Jugendzeit. Nach meiner Erstkommunion engagierte ich mich mit großer Begeisterung in verschiedenen Gruppen meiner Pfarrgemeinde – zunächst als Ministrantin, später als Jugendgruppenleiterin, Lektorin, Kommunionhelferin und Katechetin. Ich ging gerne zur Kirche, liebte die Menschen dort, die verschiedenen Gottesdienstformen und den Rhythmus des Kirchenjahres mit seinen Eigenheiten.

Trotzdem gab es da auch immer wieder Zeiten, in denen ich von massiven Zweifeln geplagt wurde und mich beispielsweise fragte, ob durch Christus denn wirklich die großartige Zeitenwende eingetreten ist, wenn die Welt nach seiner Geburt doch scheinbar unverändert grausam geblieben ist. Eine wirkliche Antwort auf diese und andere existenzielle Fragen bekam ich nie, allerdings stellte ich fest, dass die atheistische Deutung der Dinge mir das Geheimnis der Welt auch nicht zu erschließen vermochte. Irgendwann entschied ich mich bewusst dafür, lieber ohne Antworten leben zu lernen, als mich mit billigen Halbwahrheiten zufriedenzugeben, die ja doch immer nur zu kurz greifen. Manchmal hatte ich ausgerechnet nach solch aufgewühlten Zeiten das ganz leise Gefühl, als wolle Gott mir zeigen: *„Und ich bin doch da, genau da, wo du bist, ich bin bei dir, auch mitten in deinem Fragen und Zweifeln."*

In meiner Jugend habe ich mich häufig auf den Weg nach Taizé gemacht, die Jugendtreffen auf diesem Hügel im Burgund und die ökumenische Gemeinschaft der Brüder haben mich sehr inspiriert. Taizé ist für mich der heilige Boden, auf dem ich mir als junge Erwachsene bewusst wurde, welch großen Raum die Frage nach Gott in meinem Leben einnahm. Die Schönheit und Einfachheit der gemeinsamen Gebete, der geregelte Tagesablauf und der intensive Austausch mit Jugendlichen aus der ganzen Welt, die genauso auf der Suche waren wie ich, ließen in meinem Herzen etwas sehr Kostbares lebendig werden. Einmal saß ich dort im Morgengebet, und es wurde der Psalmvers gesungen: „Wie schön, am Morgen deine Huld zu verkünden und in den Nächten deine Treue."[33] Ich weiß nicht, warum, aber genau in diesem Moment keimte in mir zum ersten Mal ganz stark der Wunsch auf, diesem unbegreiflichen, so fernen und doch so nahen Gott in meinem Leben die Hauptrolle zu geben.

Dass mein Weg mit Ihm mich letztlich aber ins Kloster geführt hat, bringt mich bis heute noch zum Lachen, denn bei aller Liebe: Das war tatsächlich die allerletzte Option, die ich für mich persönlich in Erwägung gezogen hatte. Innerlich komplett besetzt mit wildesten Vorurteilen, viel zu emanzipiert und selbstbewusst, um mich auf ein Mauerblümchen-Dasein als „Betschwester" einzulassen, lautete mein fester innerer Vorsatz: „Alles, bloß nicht Kloster." Und zwar genau bis zu dem Tag, an dem ich zum ersten Mal auf den Arenberg kam.

„In Arenberg gibt es ein paar fitte Schwestern, da würde ich an deiner Stelle mal vorbeischauen." Diese Worte eines jungen Priesters hatten mich am Ende überzeugt, nachdem ich zuvor innerhalb weniger Monate von mehreren ganz verschiedenen Personen seltsamerweise immer wieder auf die Arenberger Dominikanerinnen aufmerksam gemacht worden war. Innerlich war eine zermürbende Zeit vorausgegangen, in der ich zwar beruflich bereits einige Erfolge verbucht hatte, aber dennoch auch spürte, noch nicht in meinem richtigen Leben angekommen zu sein.

An einem Samstag Ende Januar 2003 war es schließlich so weit, ich setzte mich ins Auto und fuhr mit laut klopfendem Herzen nach Koblenz. Es war ein eiskalter, klarer Wintermorgen, und die Sonne blendete mich derart, dass ich nur mit Mühe die Straßenschilder lesen konnte und ich mich um ein Haar verfahren hätte.

In Arenberg angekommen, wurde ich zu allem Überfluss beim Einbiegen in den Cherubine-Willimann-Weg von mehreren freundlichen „Durchfahrt verboten"-Schildern empfangen und wäre auch tatsächlich am liebsten direkt umgekehrt, doch ausnahmsweise riss ich mich zusammen und dachte: „Jetzt hast du schon die Fahrt auf dich genommen, jetzt wird hiergeblieben und nicht gekniffen!"

Bis heute kann ich nicht ausdrücken, was es genau war, das mich an diesem Tag so berührte, vielleicht einfach, dass alles so normal war. Die Schwestern waren freundlich, aber nicht zu freundlich. Das Kloster war ganz nett, aber baulich und auch sonst nicht wirklich spektakulär. Das Essen war einfach und gut. Beim Gesang der Mittagshore hörte man zwar hier und dort ein paar falsche Töne, aber ich spürte, dass mit Liebe gebetet wurde. Ich erinnere mich an ein sehr tiefes, befreiendes Gespräch mit einer Schwester, an einen langen Spaziergang in der Wintersonne und an eine Anbetungsstunde in der Klosterkirche, bei der ich den Eindruck hatte, die Zeit sei stehen geblieben. Nicht mehr und auch nicht weniger.

Als ich mich am Nachmittag wieder ins Auto setzte und auf den Heimweg machte, fühlte ich mich, als sei ich verliebt bis über beide Ohren. Es (oder gar Er?) hatte mich voll erwischt, ganz unspektakulär, zart und leise, aber doch unüberhörbar deutlich.

Es dauerte noch drei Jahre, bis ich nach langem Hin und Her, nach heftigen inneren Kämpfen den großen Sprung ins Kloster wagte. Mein „altes Leben", meine Familie und Freunde, mein Beruf machten mir zunehmend Freude, alles war bestens, und doch ließ sich der Gedanke an einen Ordenseintritt einfach nicht mehr aus meinem Kopf verbannen. Auch in dieser Zeit hätte ich mir sehnlichst gewünscht, wenigstens ein klitzekleines Zeichen vom

Himmel zu bekommen, was denn nun Gottes Plan A für mich war, aber es passierte einfach nichts. Na ja, sagen wir mal: fast nichts. Denn irgendwann wich die nackte Angst davor, mein Leben durch einen Eintritt auf den Kopf zu stellen, einer immer größeren Sehnsucht, mich tatsächlich einbinden zu lassen in eine Ordensgemeinschaft, die sich ganz und gar dem Leben mit Gott und der Suche nach der Wahrheit verschrieben hat. Ich konnte und wollte nicht mehr anders, ich musste es zumindest ausprobieren, um Klarheit zu bekommen und meinen inneren Frieden wiederzufinden – so oder so.

Um es kurz zu machen: Bis heute habe ich keine klare Ansage vom Chef bekommen, ob es denn letztendlich richtig war, diese und keine andere Lebensform zu wählen. Klare Ansagen scheinen nicht sein Ding zu sein. Aber einmal, ja, einmal meinte ich, seine Stimme gehört zu haben. Es war noch im Noviziat, an einem ganz stillen Örtchen, mit dem ich übrigens nicht die Kapelle meine. Weinend saß ich dort, rasend vor Wut und Enttäuschung, innerlich bereit, alles hinzuschmeißen und meine Zelte im Kloster abzubrechen. Ausgelöst worden war diese Krise dadurch, dass ich als ehemals promovierte Apothekerin anscheinend nicht schlau genug war, nach dem Spülen gefühlte 27 unterschiedliche Löffelarten in die richtigen Schubladen einzusortieren und deshalb immer wieder von überaus verständnisvollen Mitschwestern liebevoll korrigiert wurde. „Ist es das, was du aus deinem Leben machen wolltest?", fragte ich mich in diesem verzweifelten Augenblick und glaubte, die Antwort bereits zu kennen. Doch plötzlich, an diesem stillen Örtchen, in dieser Verzweiflung, an diesem absoluten Nullpunkt, stieg in meinem Herzen wie aus dem Nichts eine Frage auf: „Darf ich DIESEN Weg mit dir gehen?" Und meine Tränen verwandelten sich in Freudentränen.

BERUFUNG

Ich weiß nicht, wann junge Menschen angefangen haben zu denken, dass sie ihre Selbstverwirklichung, ihr Seelenheil, ja ihr gesamtes Lebensglück in einem ausgefüllten Berufsleben finden müssten. Die Berufswahl wird zu einer endgültigen Entscheidung über den restlichen Lebensweg hochstilisiert. Und das war schon zu meiner Abi-Zeit so. Wenn ich mich an diese Zeit erinnere, kann ich noch immer eine sehr unangenehme Mischung aus Unsicherheit und Hilflosigkeit spüren. Eine unterschwellig immer vorhandene Angst, mich falsch zu entscheiden. Den falschen Berufsweg einzuschlagen und damit mein Leben komplett vor die Wand zu fahren. Ein Leben, das ja den Bekundungen von Eltern, Verwandten und anderen richtig erwachsenen Menschen zufolge noch komplett vor mir lag. Alles schien abhängig von der Frage: Was will ich einmal werden? Es war so, als würde dieses „Ich" einzig von meiner Berufswahl abhängen. „Beruf kommt von Berufung", sagt man. Und das macht ganz schön Druck.

Während meine Eltern und Großeltern einfach einen Job machten, um Geld zu verdienen und mit diesem Geld ihr Leben zu finanzieren – einen Job übrigens, der ihnen in der Regel von ihren Eltern vorgeschrieben worden war –, war es bei mir so, dass der Job mich wirklich ausfüllen sollte. Es musste eine Tätigkeit sein, die mir immer Spaß machen würde. Eine Tätigkeit, die ein gutes Einkommen verspräche. Außerdem Karrierechancen, Zukunftssicherheit und ein gewisses Ansehen in der Gesellschaft. Beruf kommt schließlich von Berufung und wenn ich diese nur finden würde, ergäbe sich der Rest quasi von selbst. Da war ich sicher.

Mein letztes Schuljahr begann und ich hatte noch immer keine Ahnung, was ich denn nun werden wollte. Es war so vieles möglich. Was aber war richtig? Ich machte mein Abi, war immer noch planlos, hatte nun aber immerhin 18 Monate Zivildienst vor mir. Das verschaffte mir etwas Luft, brachte mich meiner Berufung jedoch keinen Schritt näher. Denn selbst heute, rund 25 Jahre später, nach einer handwerklichen Ausbildung, zwei abgebrochenen Studien, Nachtarbeit in dunklen Diskotheken, einer Handvoll Literaturpreisen und -stipendien und einem Redaktionsvolontariat, habe ich zwar eine Ahnung davon, was meine Berufung sein könnte, sie hat jedoch nur ganz bedingt etwas mit dem zu tun, womit ich mein Geld verdiene.

Klar, als freiberuflicher Redakteur mache ich *was mit Medien*. Ein Traumjob für sehr, sehr viele Abiturienten. Immer noch. Ich habe das große Glück, solche Projekte wie dieses Buch in die Welt zu bringen, kann mir meine Zeit einteilen, ortsunabhängig arbeiten, morgens ausschlafen und dafür abends um elf einen Text beginnen. Das ist super. Ich liebe diesen Job. Und ich kann diesen Job. Aber bin ich dazu berufen? Ich habe keine Ahnung.

Die letzten 25 Jahre haben mich zu der Überzeugung geführt, dass das Dogma, der Beruf müsse Berufung sein, falsch ist. Es ist belastend, einengend und spießig.

Ich glaube außerdem, dass die persönliche Berufung beileibe nicht immer Spaß sein muss, sondern ebenso Aufgabe, Bestimmung, Posten. Denn eine Berufung ist ja etwas Aufforderndes. Da ist jemand oder etwas, das mich ruft. Mir meinen Platz in meinem Leben zuweist. Und diesem Ruf folge ich, weil ich ihm folgen muss. Weil mich etwas zieht. Weil da ein Gefühl in mir ist, das sagt, dass ich das machen muss. Bei Glückspilzen fallen Berufung und Beruf zusammen. Das ist oft im künstlerisch-kreativen

Bereich der Fall. Aber Berufung kann für andere Menschen ebenso bedeuten, die Familie zu ernähren oder sich für den Naturschutz einzusetzen. Die Welt zu bereisen. Sich selbst zu suchen. Oder Gott. Sich seinen Ängsten und Dämonen zu stellen. Gegen Krankheit zu kämpfen. Anderen Menschen zuzuhören. Ein guter Freund zu sein. Seine Pflicht im Alltag zu erfüllen. Ein guter Hobbygärtner, Briefmarkensammler oder Kaninchenzüchter zu werden. Die Eltern zu pflegen, Vater zu sein. Oder Mutter. Sich gegen Traurigkeit, Depression und Sucht zu wehren. Vögel zu beobachten. In den Sternenhimmel zu schauen. Alles infrage zu stellen. Antworten zu suchen. Zu lieben und geliebt zu werden. Allein zu bleiben. Und immer wieder diesen Ruf im Herzen zu hören.

Nein, meine Berufung ist nicht das Schreiben an sich. Schon gar nicht das alltägliche Schreiben für Unternehmen und Industrie, wo aus Unfällen „Ereignisse" werden und Konkurrenten zu „Mitbewerbern", wo Werksschließungen und Kündigungen mit „Synergieeffekten" und „Wettbewerbsfähigkeit" begründet werden.

Aber manchmal komme ich durch das Schreiben etwas näher an das heran, was vielleicht meine Berufung sein könnte. Immer dann, wenn ich von meinem Suchen schreibe, von meinem Scheitern, von den Zweifeln und Ängsten, von den Irrwegen und Glücksmomenten. Dann habe ich das Gefühl, dass ich vielleicht etwas in die Welt trage. Etwas, das einige Menschen inspiriert. Dann fühlt sich das richtig an. Dann klingen Texte in mir nach, überlagern sich mit Gedanken, werden Echo und irgendwo in mir höre ich ein leises Ja, das mir sagt: „Das muss und möchte ich tun."

● ○

Wir alle haben die gleiche Berufung: ich, derweil ich dieses Buch schreibe, ebenso wie Sie, die es just in den Händen halten, und auch die restlichen ca. 7 Milliarden Menschen, die höchstwahrscheinlich niemals etwas von diesem Buch erfahren werden. Wir alle teilen die Berufung zum Menschsein.

Ich persönlich gehe jedenfalls sehr stark davon aus, dass es nicht einem dummen Zufall geschuldet ist, dass es uns gibt, sondern dass uns jemand mit Sorgfalt erdacht und geschaffen – in dieses Leben gerufen – hat. Und weil das so ist, brauchen wir uns erfreulicherweise weder durch irgendwelche sensationellen Großtaten eine Daseinsberechtigung in dieser Welt zu erkämpfen noch haben wir umgekehrt das Recht, sie einander abzusprechen. Eine Wirklichkeit, die manchen Menschen offenbar leider Gottes noch nicht ins Herz gesunken ist. Wir sind unentbehrlich – zumindest für unseren Schöpfer –, denn sonst gäbe es uns logischerweise nicht.

Dass wir auf dieser Welt leben, haben wir also nicht uns selbst zu verdanken. Es ist ein Geschenk. Und ob ich mit diesem Geschenk zufrieden bin oder nicht, ob es mir gefällt oder nicht – ein Umtausch ist definitiv ausgeschlossen! Für mich persönlich gibt es nur dieses eine Leben, *mein* Leben.

Vorausgesetzt, wir wagen es, dieses riesige Geschenk des Lebens auszupacken, werden wir überrascht feststellen, dass es jede Menge kleinere und größere Überraschungen beinhaltet. Diese kleinen Geschenke, die das Gesamtpaket unserer Person so aufregend machen, sind unsere Talente und Begabungen, unsere Charakterzüge und Verhaltensweisen. So bunt, so mannigfaltig, so vielschichtig, dass wir meist ein ganzes langes Leben lang nicht damit fertig werden, alles zu entdecken und anzuschauen. Manche dieser Päckchen liegen, aus welchen Gründen auch immer, jahrzehntelang unangetastet in der Ecke, bevor sie überhaupt von uns wahrgenommen werden; andere wiederum beinhalten Rätsel, mit denen wir zunächst einmal nichts anfangen können, und zuweilen bleibt uns ihr Sinn sogar ganz verborgen.

Im Gegensatz zu allen anderen Geschöpfen sind uns Menschen Möglichkeiten gegeben, die unser Sein zwar deutlich komplizierter, dafür aber auch so spannungsreich machen. Zum einen kann ich als Mensch beispielsweise die Annahme verweigern. Dies gilt sowohl für mein Leben, mein So-Sein im Ganzen, als auch für verschiedene Facetten meiner Persönlichkeit. Auspacken ist das eine, aber ob ich das, was dann zum Vorschein kommt, auch wirklich anschauen will und da sein lasse, ist noch mal eine ganz andere Herausforderung.

Ich selbst weiß beispielsweise noch gut, dass ich in meiner Kindheit am liebsten genauso gewesen wäre wie alle anderen Kinder in meiner Klasse. Als Neunjährige litt ich darunter, nicht so viele Freunde zu haben wie andere, nachdenklicher zu sein als andere, unsportlicher zu sein als andere und dann auch noch größer zu sein als die anderen. Ich erinnere mich an einen Abend, an dem ich mit meinem Sein sehr unzufrieden war und mich traurig meiner Mutter anvertraute. Sie antwortete mir damals mit einem Satz, der sich mir tief einprägte, als Herausforderung, die in mir mit einem Mal die Lust auf mein eigenes Leben weckte: „Du bist anders. Und vielleicht wirst du es deshalb immer auch etwas schwer haben. Aber sei froh und dankbar, dass du anders bist!" Inzwischen weiß ich natürlich: Jeder Mensch ist anders, und dieses Anders-Sein, diese Einmaligkeit, führt zwangsläufig auch dazu, dass wir uns zuweilen einsam fühlen, allein schon deshalb, weil es niemanden auf dieser Welt gibt, der genauso empfindet, denkt und fühlt wie wir selbst.

Vorausgesetzt also, wir entscheiden uns für die Annahme unseres Selbst, dann haben wir abermals mehrere Möglichkeiten. Natürlich können wir die gottgeschenkten Talente und Begabungen einfach für uns persönlich nutzen – das ist schön und gut –, wir können sie aber auch der Welt zur Verfügung stellen, sie fruchtbar machen und auf diese Weise Antwort geben auf unseren Ruf ins Leben. Ein Theologe bemerkte einmal etwas salopp bei einer Fortbildung: „Niemand steht vor der Wahl, ein anderer Mensch zu sein. Wir stehen allerdings vor der Wahl: Diene ich Gott mit dem Gesicht, das ich habe, oder nicht?"

Für mich persönlich zählt es definitiv zu den größten Highlights meines Lebens, mit Menschen in Berührung zu kommen, die ganz in ihrem Element sind. Mitten im Alltag geschieht es manchmal, dass unverhofft Begegnungen geschenkt werden, die mir spontan das Herz aufgehen lassen. Interessanterweise ist es völlig egal, ob es sich dabei um eine Kellnerin, den Schaffner im ICE, einen Sanitäter, Eiskunstläufer oder auch Papst Franziskus bei einer Predigt über die göttliche Barmherzigkeit handelt – die Gefühle, die in mir wach werden, sind immer ähnlich. Faszination, Freude und Staunen erfüllen mich, manchmal auch einfach nur demütige Dankbarkeit darüber, dass da jemand mit Hingabe einen Job macht, zu dem ich niemals in der Lage wäre.

Dass wir Menschen mit unseren Talenten und Begabungen mitwirken dürfen an der Heilsgeschichte, die Gott immer neu mit uns schreibt, dass wir die uns anvertraute Welt schöpferisch mitgestalten dürfen, empfinde ich als unfassbares Geheimnis. Gott hat uns groß gedacht, viel größer, als wir uns zuweilen bewusst sind. So wundert es auch nicht, dass uns in der Heiligen Schrift zahlreiche Geschichten überliefert sind, in denen die von Gott in einen besonderen Dienst Gerufenen zunächst einmal angesichts der Größe des Auftrags zurückschrecken: „ICH soll das Volk Israel aus Ägypten herausführen? – Ich kann doch nicht reden!", sagt Mose.[34] „ICH soll Prophet für die Völker werden? – Ich bin doch viel zu jung!", sagt Jeremia.[35] Und der Prophet Jona fragt gar nicht erst nach, sondern läuft lieber direkt davon, als er den Ruf Gottes vernimmt, die große Stadt Ninive zur Umkehr zu bewegen.[36]

Allen Berufungsgeschichten ist gemeinsam, dass Gott den Menschen fragt, ihm nicht einfach irgendeinen Auftrag überstülpt. Dieser Auftrag, dieser Dienst hat immer zutiefst mit dem Wesen des Angerufenen zu tun, auch wenn zuweilen Facetten der Persönlichkeit zum Klingen kommen sollen, von denen der bzw. die Gerufene zunächst noch gar nichts ahnt. DER, der uns erdacht und geschaffen hat, kennt uns besser als wir selbst, er weiß sehr genau, was in uns steckt. Und daher ist es das Beste, was wir uns und anderen tun können, dass wir immer neu nach Seinem Willen fragen, uns mit Leib und Seele öffnen für das, was er an uns und durch uns in diese Welt hineinwirken will. Berufungsgeschehen ist für mich nichts anderes als ein Katalysator der Selbsterkenntnis im Lichte Gottes. Kein Wunder, dass wir da manchmal aus dem Staunen nicht mehr herauskommen!

„Du hast mich geträumt, Gott", betet Dorothee Sölle, *„schöner als ich jetzt bin, glücklicher als ich mich jetzt traue, freier als bei uns erwünscht. Hör nicht auf, mich zu träumen, Gott. Ich will nicht aufhören, mich zu erinnern, dass ich dein Baum bin, gepflanzt an den Wasserbächen des Lebens."*[37]

HEILIGKEIT

Als ich begann, mich mit dem Thema „Heiligkeit" zu beschäftigen, schmiss ich zuallererst einmal sämtliche Suchmaschinen an, um herauszufinden, wie viele Heilige es denn eigentlich gibt. Es beruhigte mich festzustellen, dass selbst die katholische Kirche keine genaue Antwort auf diese Frage hat. Ich fand Zahlen zwischen 6500 und mehr als 10 000 – abhängig davon, ob orthodoxe Heilige, Selige und Märtyrer mitgezählt wurden. Diese für die Amtskirche sehr untypische Ungenauigkeit hat ihren Ursprung in der Tatsache, dass das hochoffizielle Heiligsprechungsverfahren erst im 16. Jahrhundert eingeführt wurde. Vorher übernahm das der Pöbel und verehrte irgendwelche Verstorbenen so lange, bis die Entscheidungsebene der Kirche keine andere Möglichkeit mehr hatte, als den so heiß Verehrten in die Gemeinschaft der Heiligen aufzunehmen. In finsteren Zeiten wie dem Mittelalter, mit der mächtigen Kirche und einem ungebildeten Fußvolk, scheinbar ein überraschend basisdemokratisches Vorgehen. Aber ich vermute, dass es den Herrschern allein um ihren Machterhalt ging – und eben nicht um den Willen des Volkes.

Aber was geht mir durch den Kopf, wenn ich an die Heiligen denke? Zuallererst: ein riesiges Fragezeichen. Denn wenn ich ehrlich bin, schaffe ich es vielleicht, fünf bis zehn Heilige namentlich zu benennen. Klar, da gibt es den heiligen Antonius, der dafür sorgt, dass verlorene Gegenstände wiederauftauchen. Ich mag studiert haben, aufgeklärt, offen und modern leben, würde aber an Antonius' Superkräften niemals zweifeln. Wenn man irgendetwas auf Teufel komm raus nicht finden kann: einfach mal Zwiesprache mit dem Heiligen halten und – ganz wichtig – einen nennenswerten Geldbetrag in den Opferstock geben. Und schon findet sich alles wieder.

Dann gibt es die heilige Barbara, der man im Ruhrgebiet, mit all seinen Bergmannsvereinen, einfach nicht entkommen kann. Papst Johannes Paul wurde heiliggesprochen und ein paar weitere Namen fallen mir noch ein, ohne dass ich Näheres zu den Personen wüsste: Jeanne d'Arc, der heilige Georg, Vitus, bestimmt irgendeine Katharina und natürlich Hildegard von Bingen. Alles in allem ein schwaches Ergebnis in Anbetracht der zigtausend Namen und Geschichten, die die Kirche so zu bieten hat.

Dabei sind die Geschichten, die von diesen Heiligen berichtet werden, ja ganz und gar großartig. Superheldengeschichten, Jahrhunderte bevor Spiderman, Superman, Green Lantern und The Flash erfunden wurden. Die Heiligen konnten mit Tieren sprechen, überstanden Folter und Hunger, taten Wunder und waren stark in ihrem Glauben. Bis in den Tod. Das ist spannend und liest sich gut. Das ist Filmstoff für Hollywood. Aber mit dem eigentlichen Sinn, den sie in der Kirche haben sollten, nämlich Vorbilder des Glaubens zu sein, hat das absolut nichts mehr zu tun. Batman und Superman sind auch nicht meine Vorbilder.

Nein, wenn es um den Glauben geht, dann verunsichern mich die Heiligen eher. Sie sind solche Lichtgestalten des Christentums, so stark, so nah bei Gott, so voll drin in Kirche, Gebet und Exerzitien, dass sie nichts mit meinem Leben zu tun haben. Das sind Profi-Christen auf Championsleague-Niveau. Ich selbst stehe gefühlt im unteren Tabellendrittel der Kreisklasse C. Und zwar auf der Ersatzbank. Rauchend. Und das Wissen, dass die Spiele der Heiligen und meine vom selben Schiedsrichter gepfiffen werden, macht die Sache für mich nicht einfacher.

Aber vielleicht ist diese Distanz auch ein Symptom meiner Generation und meiner Lebensumstände. Die Heiligenverehrung ist ja eng mit dem Volksglauben verknüpft. Meine Omas und Opas kannten wahrscheinlich deutlich mehr Geschichten aus dem kirchlichen Fundus. Aber sie haben es versäumt, diese Geschichten weiterzugeben. Und die Gemeinden vor Ort oder die Amtskirche schaffen es leider auch nicht, aus diesen uralten Legenden ein Narrativ zu formulieren, das in die Gesellschaft des 21. Jahrhunderts passt. Die Geschichten der Superheiligen verschwinden aus dem Alltag, so wie die Volkskirche aus dem Alltag verschwindet. Meine Generation macht es der Kirche allerdings auch nicht einfach. Wir sind kritisch, wählerisch und individualistisch. Wir sind gnadenlos moralisch und lieben unsere Komfortzone. Wir sind Kinder des globalen Kapitalismus und alles, was wir tun, muss für uns einen Nutzen haben. Schon sehr früh hat man uns den Eindruck vermittelt, dass wir alles erreichen können und dass uns niemand etwas vorzuschreiben hat. Dass wir unser eigener Maßstab sind. Dass nichts so wichtig ist, um dafür zu sterben.

Und trotz unserer Hybris, die kaum noch Platz für Gott lässt, gibt es auch in meiner Generation noch Heilige. Jene, die für ihren Glauben leben. Die Liebe in die Welt tragen. Die sich aufopfernd um Arme, Schwache und Kranke kümmern. Die pflegen, begleiten und heilen. Und es gibt jene, die sogar bereit sind, für ihren Glauben zu sterben. So, wie etwa die 21 koptischen Christen, die 2015 am libyschen Strand durch die Mörderbanden des IS getötet wurden. Enthauptet, während mehrere Kameramänner diese abscheuliche Tat aus verschiedenen Perspektiven filmten. Abgeschlachtet, damit Filmmaterial vorhanden war, das von professionellen Cuttern zu einem fünfminütigen Clip geschnitten wurde. Ermordet für einen perfekt inszenierten Propagandafilm von Terroristen. Gestorben mit dem Glauben an Gott im Herzen. Es gibt sie noch, die Heiligen.

● ○

Stellen Sie sich einmal vor, jemand sagt zu Ihnen: „Du bist ein Heiliger/eine Heilige!" Ich bin mir ziemlich sicher, dass diese Äußerung die allermeisten Otto Normalverbraucher eher befremden als freuen würde. Heilig? Ich?? Niemals! Ich in meiner Unvollkommenheit, ich mit meinem unbedeutenden Leben, ich mit meinen inneren Abgründen, ich soll heilig sein? Heilig, das ist – wenn es überhaupt so etwas gibt – eine Mutter Teresa, eine Hildegard von Bingen, ein Dietrich Bonhoeffer oder ein Mahatma Gandhi, aber mit mir hat das sicher nichts zu tun! Ist es nicht amüsant, dass der Gedanke an unsere potenzielle Heiligkeit zumeist deutlich heftigeren Widerstand hervorruft als der Gedanke daran, dass es in unserem Leben durchaus nennenswerte Sünden aufzuzählen gibt?

Die Bibel dagegen geht mit der Heiligkeit ziemlich unverkrampft um: „Seid heilig, denn ich, der HERR, euer Gott, bin heilig."[38] Diese Aufforderung wird beispielsweise im Buch Levitikus innerhalb weniger Kapitel gleich sechsmal hintereinander wiederholt. Und Paulus schreibt in seinem ersten Brief an die Korinther: „Wisst ihr nicht, dass ihr Tempel Gottes seid und der Geist Gottes in euch wohnt? (...) Gottes Tempel ist heilig und der seid ihr."[39] Was ist nun also richtig? Ist der Zustand der Heiligkeit tatsächlich nur etwas für einige wenige Auserwählte, sollen wir alle nach Heiligkeit streben oder *sind* wir am Ende tatsächlich schon Heilige?

Ich habe den Eindruck, der Begriff der Heiligkeit wird leider viel zu häufig verwechselt mit moralischem Hochleistungssport.

Heilige, so eine weitverbreitete Annahme, müssen doch zumindest irgendwie *besser* sein als der Rest der Welt – tapferer, disziplinierter, liebevoller, freier, freundlicher, ausgeglichener, selbstbeherrschter, sündenfrei und auf gar keinen Fall so unvollkommen und mängelbeladen, wie wir uns selbst oft erleben. Heilige, die sind so was wie die A-Ware der Gattung Mensch: rundum gelungen und entsprechend wertvoll.

Um mit dieser verzerrten Vorstellung ein wenig aufzuräumen, ist es ebenso aufschlussreich wie erfrischend, einmal einen Blick auf die Lebensgeschichten jener Menschen zu riskieren, die von der katholischen Kirche ganz offiziell als Heilige verehrt werden. Da braucht man nämlich gar nicht lange zu suchen, um zu entdecken, dass es sich bei den allermeisten von ihnen keineswegs um fehlerfreie, nur angenehme, engelsgleiche Wesen handelte, sondern dass es Menschen waren, deren markante Schlagseiten dem engeren Umfeld zuweilen sogar schwer zusetzten. „Ich möchte nicht mit einem Kardinal van Galen zusammengearbeitet haben", gestand mir einmal schmunzelnd ein Priester. „Ich bin ein Weib und obendrein kein gutes", soll die große Heilige Teresa von Avila über sich selbst gesagt haben, und vom hl. Augustinus sind uns in seinen „Bekenntnissen" pikante Details seines ehemals wilden Lebens überliefert, die der Regenbogenpresse bis auf den heutigen Tag ein gefundenes Fressen böten. Und trotzdem: Die Kirche hat sie und viele andere heiliggesprochen und damit zur allgemeinen Verehrung freigegeben.

Heiligkeit kann nichts mit Fehlerfreiheit zu tun haben, so viel dürfte jetzt schon mal klar sein. Im Gegenteil: Ich wage sogar zu behaupten, dass das Streben nach menschlicher Perfektion und Vollkommenheit eine große geistliche Gefahr in sich birgt: Wir drohen, einem spirituellen Selbstoptimierungswahn zu erliegen, der (uns auf uns selbst zurückwirft, und?) unserer wahren Bestimmung entgegensteht. In den Evangelien sind viele Erzählungen überliefert, in denen berichtet wird, wie sich Jesus mit den Pharisäern überworfen hat. Immer wieder legt er sich aufs Heftigste mit ihnen an, beschimpft sie und prügelt verbal regelrecht auf sie ein: „Weh euch, ihr Pharisäer …!"[40] Das Krasse ist: Die Pharisäer waren die fromme Elite der damaligen Zeit! Es waren Menschen, die mit ihrem Glauben radikal ernst machten. Sie versuchten nach Leibeskräften, alle Gebote der Schrift peinlichst genau zu erfüllen, um sich auf das Kommen des Messias vorzubereiten und sich am Ende einen Logenplatz im Himmel zu sichern. Ganz unmissverständlich versucht Jesus ihnen jedoch klarzumachen, dass eine solche Milchmädchenrechnung bei Gott nicht aufgeht. Die Tatsache, dass er ausgerechnet im Dialog mit den Pharisäern derart schwere Geschütze auffahren muss, macht deutlich: Nichts steht unserem Heil so sehr entgegen wie eine Verhärtung im Guten.

Heilige sind für mich Menschen, die auf die bedingungslose Liebe Gottes dadurch Antwort geben, dass sie es zulassen, sich bedingungslos von ihm lieben zu lassen. Das hört sich vielleicht erst einmal gewaltig banal an, dahinter steckt aber ein geistlicher Offenstand, der alles andere als selbstverständlich ist und ein Leben lang eingeübt werden will. Es fällt ja noch relativ leicht, entgegengebrachte Liebe anzunehmen, wenn ich mich selbst als liebenswürdig erfahre. Ganz anders sieht es dagegen aus, wenn ich mich in meiner inneren Abgründigkeit und Sündhaftigkeit erlebe. Wie oft schieben wir Gottes Liebe innerlich einen Riegel vor in Situationen, in denen wir meinen, sie nicht zu verdienen! Auf diese Weise halten wir ihn uns – bewusst oder unbewusst – vom Leib und verhindern, dass er uns heilen kann. Heilige sind für mich die Menschen, die sich schon zu Lebzeiten ganz von Gott durchwirken lassen. Weniger ihr eigenes Gut-Sein verleiht ihnen ihre Strahlkraft als vielmehr die Tatsache, dass sie die Liebe Gottes, die sie am eigenen Leib erfahren haben, ausstrahlen und weitergeben.

Ja, ich glaube fest an unser aller Berufung zur Heiligkeit und nehme sie sehr ernst. Und ich glaube daran, dass wir alle, jeder einzelne Mensch, wie Paulus sagt, „Tempel Gottes" sind[41], geheiligt durch den Geist, der uns bewohnt. Dies ist unsere tiefste Würde, die auch dann nicht gemindert wird, wenn der Tempel unaufgeräumt und die Fenster ungeputzt sind.

„Willst du jetzt auch noch heilig werden?", fragte mich damals spöttisch ein Bekannter, als ich ihm erzählte, dass ich ins Kloster eintreten werde. „Unbedingt!", antwortete ich ihm mit entspanntem Lächeln.

HEIMAT

Über kaum etwas wurde in den vergangenen Monaten so emotional diskutiert wie über den Begriff *Heimat*. Und manchmal scheint es so, als gäbe es dabei nur zwei absolut unvereinbare Positionen und nichts dazwischen. Auf der einen Seite stehen die Menschen, die sich komplett vom Heimatbegriff distanzieren und ihn – wenn überhaupt – als ein wohliges, freundschaftliches und individuelles Gefühl betrachten. New York, Paris, Tokio. Egal. Wir alle sind Weltbürger. Immer offen, immer tolerant. Auf der anderen Seite findet man die Landsmänner, die Heimat ewiggestrig mit der Eiche und dem röhrenden Hirsch assoziieren und sie zu etwas stilisieren, das auf jeden Fall mit reichlich Pathos verteidigt werden muss. Blut und Boden und Scholle und so. Spießer von ziemlich weit rechts.

Aber was bedeutet Heimat für die vielen, vielen Menschen, die zwischen diesen beiden sehr lauten und präsenten Extremen stehen? Was ist Heimat für Max Mustermann, Lieschen Müller und Otto Normalverbraucher? Ist sie eine Nation, ein Land, eine Region? Ist Heimat Sprache oder eine Gemeinschaft? Vielleicht nur ein Stadtteil, ein Häuserblock? Das Elternhaus oder das Mutterhaus der Ordensschwestern? Kann Glaube Heimat sein? Und wo stehe ich eigentlich?

Meine Heimat ist das Ruhrgebiet, und zwar mit allem, was dazugehört. Die Geschichte der Region und die Geschichten der Menschen in dieser Region bedeuten für mich Heimat. Die regionale Kultur, die Sprache und das Essen. Der Dreck, die Industrie und die Narben, die diese in die Region geschlagen hat. Die Geschichten von Kohle, Stahl und Bier. Die Brieftauben, die Zechensiedlungen, die Büdchen und Eckkneipen, die Schrebergärten. Das „Machma", „Komma", „Hasse", „Willse". „Kappes mit Bällchen", Wirsing, Mangold, Stielmus, Grünkohl. Das alles bedeutet für mich Heimat. All das hat mich geprägt und es ist aufgeladen mit Erinnerungen und Gefühlen. All das klingt und lässt etwas in mir klingen. Es schafft eine Verbindung zwischen meinem gegenwärtigen Innen und einem vergangenen Außen. Letztendlich schafft es so etwas wie Identität, Halt und Sicherheit. Manchmal reicht einer dieser Aspekte, damit ich mich heimisch fühle, manchmal braucht es das Zusammenspiel aller Faktoren.

Und manchmal braucht es auch eine räumliche Distanz. Denn Heimat wird mir vor allen Dingen dann bewusst, wenn sie fehlt oder lange gefehlt hat. Ich spüre sie beim lang vermissten Anblick von Gebäuden oder Landmarken. Ich atme durch, ich lächle, fühle mich warm und vertraut – daheim. Jenseits der Heimat sind es häufig Kleinigkeiten, die mir ein solch wohliges Gefühl verschaffen. Die vertraute Sprache in einem fremden Land, das Autokennzeichen der eigenen Stadt in einem sizilianischen Fischerdorf, eine Sendung über Deutschland im TV eines australischen Hotelzimmers. In der Fremde lernt man die Heimat zu schätzen.

Schon die Aufzählung all dieser Aspekte berührt mich, obwohl ich weiß, dass ich dabei einen wichtigen Aspekt außer Acht lasse: Der Blick auf die Vergangenheit ist nicht selten ein verklärter. Da wird der Bergmann als stolzer Malocher gefeiert, aber sein elendiges Sterben mit Mitte 60 an Silikose ausgeblendet. Da wird die Industriekultur gelobt, aber vergessen, dass diese Industrie die ganze Region so sehr zerstört hat, dass unter unseren Füßen, in den ehemaligen Bergwerken, auf ewig Pumpen laufen müssen, damit das ganze Ruhrgebiet nicht absäuft. Es wird verschwiegen, dass die vielen Eckkneipen sich damals nur halten konnten, weil nicht wenige Malocher ein echtes Alkoholproblem hatten und beizeiten die komplette Lohntüte versoffen. Wenn man diese – nicht so schönen – Aspekte vergisst, bleibt „Heimat" ein Klischee. Seine Heimat muss man im Ganzen betrachten. Und dazu gehört auch, vorhandene Probleme zu benennen, sie anzupacken und Verantwortung zu übernehmen.

Während ich so von dieser stark regionsgebundenen Sicht auf die Heimat schreibe, kommen mir die Schwestern aus dem Kloster in den Sinn. Viele von ihnen sehen ihre Heimat wahrscheinlich eher in der Religion, dem Glauben, vielleicht sogar in Gott selbst. Eine Vorstellung, die mich zunächst einmal befremdet. Selbst in einem Fußballstadion voller gottloser Heiden würde ich den Herrn nicht schmerzlich vermissen. Wenn Kindheit und Jugend die Schablonen anlegen, die später unser Heimatgefühl prägen, dann hat die Kirche in meiner Jugend versagt. Sie konnte in meinem Leben keinen Stempel hinterlassen auf dem *Heimat* steht.

Und trotzdem ahne ich manchmal irgendwo weit hinten im Herzen eine Sehnsucht nach Gott. Ein Vermissen. Wenn es ganz still um mich wird und ganz still in mir, ahne ich eine Verbundenheit. Wenn ich am Strand die Weite des Meeres bestaune, ist da eine Verbundenheit, und wenn ich nachts am Himmel die Sterne sehe, dann liegt ein Funke in der Luft. Ganz zart. Ein Funke, der von etwas Größerem zu mir springt und mich verbindet.

All dies, obwohl diese Verbundenheit nicht in meiner Kindheit angelegt worden ist. Da gab es kein religiöses Elternhaus, kein Amt als Messdiener, keinen Pfarrer, der einen Glauben förderte. Die Verbundenheit ist einfach da und vielleicht war sie es schon immer. Vielleicht ist sie in jedem von uns angelegt. Dünn wie ein Spinnenfaden, belastbar wie Klaviersaiten und leise wie ein Flüstern. Und sie verweist auf eine Heimat jenseits dieser Welt. Für mich ist sie meist nur das schwache Funkeln einer anderen Heimat. Für die Schwestern ist es ein strahlend helles Leuchten. Deswegen sterben sie im Kloster Arenberg auch nicht, sie werden *heimgerufen*. Ein schöner Gedanke. Ein warmer.

● ○

Im schönen Saarland, dem äußersten Südwesten der Republik, liegt unweit der französischen Grenze, zwischen Saarlouis und Völklingen die kleine Gemeinde Wadgassen. Wadgassen hatte bis 1792 recht große Bedeutung als Standort einer riesigen Prämonstratenser-Abtei, spielte jahrhundertelang eine Rolle in der Glasproduktion und verfügt über ein äußerst beliebtes, riesiges Parkbad.

Nüchtern betrachtet, zeichnet sich Wadgassen ansonsten allerdings durch *gar nichts* aus. Es ist weder besonders schön noch besonders ruhig – und weiß Gott auch nicht besonders aufregend. Und trotzdem gibt es keinen Ort auf der Welt, der in mir so viele Emotionen weckt wie dieser, denn Wadgassen ist meine Heimat. Dort, in der Mathilden-Apotheke neben dem Rathaus, bin ich groß geworden und habe mit kurzen Unterbrechungen zusammen mit meiner Familie die ersten 30 Jahre meines Lebens verbracht. Dort war ich glücklich, lernte sprechen, laufen, lesen, schreiben, Fahrrad fahren, schwimmen und Auto fahren. Dort bin ich in der Pfarrkirche Maria Heimsuchung getauft worden, zur Erstkommunion gegangen und habe das Sakrament der Firmung empfangen. Dort habe ich Freunde gefunden und bin bis heute für die allermeisten einfach die Ursula und nicht die „Schwester Ursula" oder die „Frau Hertewich". In Wadgassen kenne ich die Leute und viele Lebensgeschichten, kenne jede Straße, die Gerüche und die Geräusche.

„Saarländer haben keine Füße, Saarländer haben Wurzeln", bemerkte mein Doktorvater einmal etwas spöttisch – und damit hatte er gar nicht ganz unrecht. Ich selbst habe in meiner Jugendzeit jedenfalls keinen Gedanken daran verschwendet, irgendwann einmal dauerhaft von diesem schönen Fleckchen Erde wegzuziehen, warum auch?

Das Verlassen meiner Heimat war für mich tatsächlich *die* bittere Pille, die ich bei meinem Eintritt ins Kloster zu schlucken hatte. Umso überraschender dann die Tatsache, dass ich weder in den ersten Wochen und Monaten nach dem Abschied noch in späteren Jahren auch nur einen einzigen Augenblick von Heimweh nach Wadgassen gequält wurde. Meine saarländischen Wurzeln gewöhnten sich in kürzester Zeit an den neuen Boden und wuchsen an, als sei es das Selbstverständlichste der Welt.

Diese Erfahrung hat mir gezeigt, dass Beheimatung nur bedingt an einen Ort gebunden, sondern in erster Linie ein Beziehungsgeschehen ist. Ohne dass es mir wirklich bewusst war, hatte ich mich in meiner Kindheit und Jugendzeit immer tiefer in meiner Beziehung zu Christus beheimatet, bis sie schließlich so große Bedeutung gewann, dass sie mich zum Aufbruch aus meiner geliebten alten Heimat brachte. Von daher also auch gar nicht so verwunderlich, dass ich mich auf diesem neuen Weg nie heimatlos gefühlt habe. Ähnlich erfahren es ja auch einander liebende Menschen: Wenn der Geliebte in der Nähe ist, fühlen wir uns nicht heimatlos, ganz egal, wo wir gerade sind.

Als ich etwa 12 Jahre alt war, wurde meine Großmutter, die bei uns wohnte, dement. Ich empfand es als überaus erschütternd und verstörend, dass sie, die seit ihrer Geburt fast ohne Unterbrechungen in diesem Haus gelebt hatte, kurz vor ihrem Tod entsetzliches Heimweh bekam. „Es ist ja lieb von euch, dass ihr mir hier alles so gestaltet habt, wie ich es von zu Hause kenne, aber bringt mich doch bitte trotzdem nach Hause", flehte sie immer und immer wieder. Die eigene Heimat war ihr zur Fremde geworden, weil sie durch ihre Demenz den Kontakt zu sich selbst verloren hatte. Doch auch ohne eine solche Erkrankung kann es geschehen, dass wir uns plötzlich in unserem eigenen Leben nicht mehr zu Hause fühlen. Die Ursache ist auch hier weniger im äußeren Umfeld als vielmehr in einer gestörten Beziehung zu suchen, sei es zu mir selbst oder zu anderen.

Kaum etwas anderes kann unserer Seele derartige Qualen zufügen wie der reale oder gefühlte Verlust von Heimat. Die Sehnsucht nach Beheimatung, nach dem Bleibenden und Verlässlichen, nach dem Lebensraum, in dem ich verstehe und verstanden werde, ist allen Menschen gleichermaßen ins Herz geschrieben.

Und immer wieder spüren wir schmerzlich, dass dieser Durst hier in dieser Welt niemals *ganz* gestillt werden kann, ob wir nun ein Leben lang am selben Ort verweilen oder die ganze Welt unser Zuhause nennen, ob wir in verlässlichen Beziehungen leben oder auf uns selbst gestellt sind. Allein schon die Brüchigkeit unseres Lebens, der Wandel der Zeit und die Wirklichkeit des Todes lassen nicht zu, dass wir uns hier auf dieser Erde so einrichten können, dass keine Wünsche mehr offenbleiben. *„Wir haben hier keine bleibende Stadt, sondern wir suchen die zukünftige"*[42], stellt der Verfasser des Hebräerbriefes nüchtern fest.

Über diese Erfahrung schreibt auch die französische Dichterin und Mystikerin Marie Noël in ihrem geistlichen Tagebuch:

„Ich war so klein und von so bescheidenen Neigungen, dass ich niemals vom Paradies und vom vollkommenen Glück geträumt haben würde, wenn ich mich nur ganz leise in einem warmen Winkel der Erde hätte einrichten können, in einem kleinen Haus für mich, das der Sommersonne ausgesetzt und im Winter hinter den Scheiben voll von Licht, Feuer und lieber Gesellschaft gewesen wäre.

Wenn dieses sehr kleine Glück gekommen und geblieben wäre, hätte ich kein Verlangen nach dem Himmel gehabt. Aber Gott sah für mich Größeres als ich selbst. Er hat mir nicht erlaubt, mich auf Erden einzurichten. Er hat mich gezwungen, ‚Verlangen nach dem Himmel' zu haben."[43]

Vielleicht ist unsere unstillbare Sehnsucht nach Heimat tatsächlich nichts anderes als das Verlangen nach dem Himmel, nach dem verlorenen Paradies?

Auf einer Wiese in unserem Arenberger Klostergarten gibt es ein großes Labyrinth. Einmal dort eingetreten muss man einfach weitergehen auf dem Weg, bis man irgendwann – und so viel ist sicher! – in der Mitte ankommt. Für mich ist dieses Labyrinth ein starkes Bild für unsere irdische Pilgerschaft: Mag es in unserem Leben auch noch so viele Biegungen und Wendungen geben, mögen wir uns manchmal auch noch so entfremdet fühlen, wir dürfen gewiss sein: Mit jedem einzelnen Schritt, den wir setzen, kommen wir unserer wahren Heimat näher, mit jedem Schritt nähern wir uns diesem Himmel, aus dem wir hervorgegangen sind und in den wir einst heimkehren werden. So viel ist sicher.

TOD

Sicher ist: Früher oder später erwischt es jeden von uns, egal ob arm oder reich, gläubig oder atheistisch. Irgendwann endet das körperliche Leben. Ende. Aus.

Der Tod ist die natürlichste Sache der Welt, das zwingende Ende, auf das man sich das gesamte Leben vorbereiten kann. Muss. Auf jeden Fall sollte. Der Körper beendet seinen Dienst. Das Herz hört auf zu schlagen, das Hirn bekommt keinen Sauerstoff mehr, Zellen sterben, Zerfallsprozesse beginnen. Ein Wunderwerk wird in seine Bestandteile zerlegt, in Atome, aus denen neues Leben entstehen kann. So weit der Körper. Gut ist: Das bekommt man selbst alles nicht mehr mit, man ist ja schon tot. Für die Hinterbliebenen ist es oft weniger einfach. Oder wie Mascha Kaléko es in ihrem Gedicht *Memento* beschrieb: *„… den eigenen Tod, den stirbt man nur, doch mit dem Tod der anderen muss man leben.“*[44]

Aber sind wir wirklich nur Körper? Was ist mit dem Rest? Dem Bewusstsein? Dem Denken? Der Seele?

Für mich bleibt der Tod komplett unverständlich – und damit beängstigend. Der Tod ist das Nichts, und beim Nichts kommt

174

die menschliche Vorstellungskraft an ihre Grenzen. Man kann sich nicht das Nichts vorstellen. Es ist das vollkommen unbekannte Unvorstellbare, was uns im Tod erwartet. Und diese Unvorstellbarkeit macht mir aber mal so richtig Angst. Ganze Nächte habe ich mir schon den Kopf über dieses Nichts zerbrochen. Nächte, in denen der Begriff *Todesangst* für mich eine ganz neue Bedeutung bekam. *Wie fühlt sich das wohl an, tot zu sein? Ach nee, man fühlt ja nichts mehr, wenn man tot ist. Also eher so wie der Schlaf. Aber den Schlaf zeichnet ja aus, dass man in wachem Zustand über ihn nachdenken kann. Wäre es noch Schlaf, wenn es kein Wachen mehr gäbe? Gibt es eine subjektiv empfundene Existenz, wenn man nur schläft?* Dieses Gedankenkarussell kann sich stundenlang drehen und sich wie ein Bohrkopf in immer tiefere Abgründe fressen. An Schlaf ist in solchen Situationen natürlich nicht zu denken. Da liege ich dann im Bett und frage mich, ob ich eigentlich der einzige Mensch auf der Welt bin, der sich über so einen Scheiß Gedanken macht.

Zumindest habe ich das Gefühl, immer nur solchen Menschen zu begegnen, die ganz trocken und selbstverständlich und cool mit diesem Thema umgehen: „Der Tod gehört zum Leben", sagen sie. Ein Satz, den man immer bringen kann, weil er uneingeschränkt stimmt. Ein Satz, der aber in keiner Weise das Geheimnis des Todes enthüllt. Eine Floskel, wie *Zu Hause ist es am schönsten* oder *Momentan sind ja alle krank*. Kann man immer bringen. Kann man aber auch besser immer lassen. Ist diesen Menschen das Nichts egal? Mache ich mir zu viele Gedanken? Oder sie zu wenige? Und was sagt mein Gefühl zum Tod eigentlich über mein Leben aus? Fragen!

Und dann sind da noch die anderen. Die, die glauben. Fest und stark glauben, dass der Tod eben nicht das Ende ist. Dass da noch was kommt. Meist etwas Besseres kommt. Vor diesen Menschen ziehe ich neidisch den Hut. Was macht sie so fest in ihrem Glauben, dass es weitergeht? Und wieso nagt an mir stets der Zweifel, wenn es um das Himmelreich geht? Ja, es wäre klasse, wenn es ein Leben nach dem Tod gäbe, und ich wünsche es mir von ganzem Herzen, aber macht mich das zu einem gläubigen Menschen? Ist es nicht eher ein Hoffen als ein Glauben? Und reicht im Zweifelsfall das Hoffen, um in den Himmel zu kommen? Fragen!

Früher fand ich Berichte über Nahtod-Erfahrungen sehr spannend. Menschen, die eine Zeit lang klinisch tot waren, berichten vielfach über ähnliche Erfahrungen: Sie sehen Licht, manchmal liebe Menschen aus der Vergangenheit und sind mit sich selbst komplett im Reinen. Das liest sich schon sehr wie eine himmlische Vorahnung. Doch dann kommt die Neurowissenschaft ins Spiel und leitet diese Erfahrungen aus einem – letzten – Feuerwerk von biochemischen Vorgängen im Gehirn ab. Ein Drogentrip ohne Drogen. Also wieder nichts mit Gott und Paradies. Nur ein paar körpereigene Botenstoffe, die kurz vorm Ende noch mal alles geben. Das klingt komplett logisch und hat bestimmt auch Hand und Fuß. Aber da ich ja ein Hoffender bin, versuche ich die Wissenschaft zu hinterfragen oder irgendwie mit dem Göttlichen zu verbinden.

Wenn wir davon ausgehen, dass der Mensch ein Produkt der Evolution ist, die seit Millionen von Jahren lebenswichtige bzw. vorteilhafte Eigenschaften bevorzugt und überflüssige bzw. nachteilige Eigenschaften aussortiert, frage ich mich, welchen evolutionären Sinn so ein Neuronenfeuerwerk am Ende des menschlichen Lebens haben soll. Welchen Vorteil bringt es, dem sterbenden Körper noch einmal etwas komplett Schönes vorzugaukeln? Das klingt sehr sinn- und nutzlos für die Entwicklung des Menschen. Und eigentlich ist in der Natur doch nichts sinn- oder nutzlos.

Sind diese Nahtoderfahrungen also vielleicht doch etwas mehr als eine Reihe von biologischen Fehlreaktionen? Sind sie vielleicht ein kleiner, schwacher Vorgeschmack auf das, was da noch kommt – nach dem Tod? Oder will uns irgendeine göttliche Instanz mit diesem Neuronenfeuerwerk am Ende des Lebens nur die Angst vor dem Tod nehmen? Uns zeigen, dass wir furchtlos weitergehen können?

Ich weiß es nicht. Niemand weiß es. Viele verneinen. Manche glauben. Ich hoffe.

● ○

„Die kleine Ursula, die glaubt doch bestimmt noch an die Auferstehung, oder?" Es gibt Szenen im Leben, die prägen sich tief ein ins Herz. So zum Beispiel dieser Augenblick im März 1994, es muss wohl kurz vor Ostern gewesen sein, als mein damaliger Religionslehrer – übrigens ein bekennender Atheist, mit dem ich liebend gerne feurige Streitgespräche führte – mit diesem Satz die Klasse betrat. Ein ganzes Schuljahr lang hatten wir uns in der 13. Klasse mit atheistischen Philosophien und Weltanschauungen auseinandergesetzt, von denen mir einige damals grauenhaft logisch erschienen. Innerlich fühlte ich mich nach diesen Wochen und Monaten sturmreif, in meinem zuvor mühsam errichteten Glaubensgebäude stand gefühlt kein Stein mehr auf dem anderen. Sollte mein Glaube an den dreifaltigen Gott tatsächlich nichts anderes sein als die Projektion meiner Wünsche und Sehnsüchte auf ein nicht existierendes Wesen? Diese und andere Fragen quälten mich damals und ließen mich vieles in Zweifel ziehen, was von mir zuvor noch mit der größten Selbstverständlichkeit geglaubt worden war.

„Die kleine Ursula, die glaubt doch bestimmt noch an die Auferstehung …" – ich werde nie vergessen, wie ich ausgerechnet in diesem Moment, in dem meine Augen die Augen meines triumphierend grinsenden Lehrers trafen, plötzlich mit ganzem Herzen antworten konnte: „Ja, ich glaube an die Auferstehung." Es war kein verschämtes, zaghaft gesprochenes „Ja", nein, es war ein „Ja", welches ich mit Leib und Seele sprechen konnte, ein trotziges „Ja", in dem mein eigener Glaube plötzlich im Herzen Auferstehung feiern konnte. Es war – rückblickend betrachtet – das befreiendste „Ja" meines Lebens. Totenstill war es daraufhin in der Klasse, bis ein Mitschüler ein anerkennendes „Wow" von sich gab.

Mehr als 20 Jahre sind seitdem vergangen, ich habe Zeiten heftiger Zweifel durchlebt, aber wundere mich selbst darüber, dass mir bei alledem eines nie verloren gegangen ist: mein Glaube an die Auferstehung. Denn die Fakten sprechen ja erst einmal dagegen. Das Einzige, das wir beim ersten Atemzug eines Menschen mit absoluter Sicherheit über dessen Leben wissen können, ist, dass es garantiert tödlich enden und es auch einen letzten Atemzug geben wird. Wir können diese Wirklichkeit verdrängen. Wir können uns mit Drogen betäuben, um nicht an sie denken zu müssen, wir können über sie hinwegleben, sie ignorieren und uns erbaulicheren Dingen zuwenden. Am liebsten möchten wir uns den Tod, ja allein schon jeden Gedanken an ihn, vom Leib halten, aber das ist erfahrungsgemäß in dieser Welt nicht bzw. nur mit äußerster Anstrengung möglich. Tag für Tag kommen wir auf tausenderlei Weise mit der Tatsache in Berührung, dass unser Leben am seidenen Faden hängt – sei es durch unser eigenes Älterwerden, eine Krankheit oder den Verlust eines geliebten Menschen,

Naturkatastrophen, Seuchen, Kriege oder Terroranschläge. Rette sich, wer kann – aber wer um alles in der Welt kann? Niemand kann irgendetwas an der Tatsache ändern, dass unser irdisches Leben früher oder später zu Ende gehen wird. Todsicher, sozusagen.

Das Paradoxe ist: Obwohl er sicherer ist als das Amen in der Kirche, ich kann einfach nicht an den Tod glauben. Ich kann zumindest nicht daran glauben, dass er mehr ist als ein Durchgang in ein neues Leben. Ich kann und ich will auch nicht daran glauben, dass alles, was wir hier auf der Welt erleben, sinnlos ist – das wäre es aber, wenn der Tod das letzte Wort hätte. Allein die Tatsache, dass es nicht nur mir, sondern unzähligen anderen Menschen so geht, macht mich immer wieder stutzig. Denn: Wie können wir überhaupt als einigermaßen vernünftig denkende Menschen an etwas zweifeln, was gar nicht geglaubt werden muss, weil wir es doch sicher wissen? Wir wissen, ein geliebter Mensch ist gestorben, und können dennoch nicht glauben, dass er nicht mehr ist.

Mir kommen Worte des englischen Franziskaners Johannes Duns Scotus (1266-1308) in den Sinn: *„Jemanden zu lieben, heißt ihm zu sagen: Ich will, dass du bist."* Genau das ist der Grund, warum sich alles in uns dagegen wehrt, dass ein von uns geliebter Mensch tot sein soll. Der Tod ist DER Skandal des Lebens, und das ist auch die einzige Rolle, die ihm gebührt. Wenn nun schon unsere menschlich-brüchige Liebe so sehr das Leben des Geliebten will, um wie viel mehr muss es dann Gott, die Liebe in Person, wollen? Ich bin zutiefst davon überzeugt, dass unser Schöpfer sein großes „Ich will, dass du bist" im Anfang über die ganze Schöpfung und unser aller Leben gesprochen hat. Diese bedingungslose Liebe Gottes ist der Ursprung, aus dem wir alle geworden sind und in den wir einst zurückkehren werden, und mir persönlich fehlt schlicht und einfach die Vorstellungskraft, dass uns da am Ende etwas anderes erwarten soll als Leben, und zwar Leben in Fülle. Todsicher.

ZUKUNFT

No future! Jeder, der sich an die 1980er-Jahre erinnern kann, kennt wohl diesen Spruch, der so manche Lederjacke eines bunthaarigen Punks zierte. Zu viele Atomwaffen, zu viel Kalter Krieg, zu wenige Arbeitsplätze und Perspektiven. Die Punks glaubten nicht an eine Zukunft und wähnten sich, die Gesellschaft, die ganze Welt am Ende. Diese Haltung kommunizierten sie über ihre Musik, mit ihren Lederjacken und den Sicherheitsnadeln im Ohr, über ihr Verhalten, mit ihrem ganzen Körper.

Am vielleicht eindrucksvollsten schaffte es eine Band namens „Einstürzende Neubauten", diesem Gefühl der Hoffnungslosigkeit, der Selbstaufgabe und -zerstörung einen Klang zu geben. Die Neubauten, das waren ein paar ausgemergelte Gestalten, die bis zu den Haarspitzen mit Drogen vollgepumpt auf Stahlplatten droschen, Beton mit Presslufthammern bearbeiteten und dazu Titel wie „Draußen ist feindlich", „Kollaps" oder „Schmerzen hören" ins Mikrofon kreischten. Das Ergebnis war ein kaum zu ertragender atonaler Krach. Wenn es wirklich keine Zukunft mehr geben sollte, dann war das definitiv der Soundtrack zum Untergang.

Sie mögen sich nun vielleicht fragen, was denn ein paar durchgeknallte, Krach produzierende Junkies aus dem Jahr 1981 in diesem Buch zu suchen haben. Nun, sie passen einfach perfekt zum Thema. Denn ausgerechnet diese kaputten Freaks, die die totale Zerstörung propagierten, die sich und ihr Publikum im wahrsten Sinne des Wortes bis aufs Blut malträtierten und kaum noch Hoffnung in sich trugen, die gibt es immer noch. Und zwar nicht nur als Überlebende in irgendeiner Reha-Einrichtung, nein, „Einstürzende Neubauten" sind im Laufe der Jahre zu Lieblingen des Feuilletons geworden, sie stehen auf den Bühnen der größten Theater dieses Landes und spielen mal eben das Eröffnungskonzert der neuen Elbphilharmonie. In Maßanzügen. Mit Presslufthammern.

„No future" ist einfach falsch! Es mag ein knackig klingendes Lebensmotto sein, aber es ist falsch. Es geht immer weiter. Das Leben findet seinen Weg durch den Irrsinn der Zeit. Und die Zukunft wird kommen. Meist anders, als man denkt, mal überraschend, mal enttäuschend, aber sie wird kommen.

Ich erinnere mich noch gut an eine Situation während meiner Grundschulzeit, ebenfalls Anfang der 1980er-Jahre. Wir sollten einen Aufsatz darüber schreiben, wie wir uns die Welt im Jahr 2000 vorstellten. Das war ein großer Spaß. Ich legte all meine kindliche Fantasie in diesen Aufsatz und erspann eine Welt, in der jeder mit Raketen auf dem Rücken zum Einkaufen flog, in der Roboter die Hausarbeit erledigten und man Urlaub auf dem Mond machte. Das Jahr 2000 war so weit weg, da erschien alles möglich.

Heute, im Jahr 2018, wissen wir, dass es anders kam. Zwar flog bereits 1984 bei der Eröffnung der Olympischen Spiele ein Mensch mit einem Raketenrucksack durch die Luft, aber aus mir unerfindlichen Gründen setzte sich diese Fortbewegungsart nicht durch. Auch aus dem Urlaub auf dem Mond ist nichts geworden und die sogenannten Smarthomes sehen ebenfalls anders aus, als ich sie mir vorgestellt hatte. Meine Roboter aus der Grundschule hatten wenigstens Arme und Beine und einen Kopf aus Blech. Ich denke, wenn man mein achtjähriges Ich in die Gegenwart bringen könnte, wäre es davon bestimmt enttäuscht.

Aber es wäre auch überrascht. Positiv überrascht. Der Kalte Krieg wurde beendet, das Waldsterben blieb aus, Deutschland wurde wiedervereinigt und das Internet hat unser komplettes Leben verändert. Das hatte es sicherlich nicht erwartet.

Wenn ich heute an die Zukunft denke, mache ich mir weniger Sorgen, als ich es früher getan habe, und dies trotz des Klimawandels, des IS, weltweiter Krisen, der AFD und der Versorgungslücken. Ich glaube an die menschliche Vernunft, an die menschliche Kreativität und daran, dass der Mensch flexibel genug ist, sich auf Veränderungen einzustellen. Denn die Zukunft kommt bestimmt und sie wird anders sein, als wir denken. Und wenn es selbst die Neubauten geschafft haben, sich eine positive Zukunft zu gestalten, dann kann das jeder andere auch. Dessen bin ich mir sicher.

● ○

„Das hat keine Zukunft!" – Ein Gedanke, der mich in den letzten Jahren innerlich häufig umgetrieben, manchmal sogar angefallen hat wie ein beißender Hund. Ein mächtiger Gedanke, der – unter Umständen – bedeutenden Einfluss auf Gedeih und Verderb einer Initiative hat. Denn es ist doch logisch: Wenn etwas keine Zukunft hat, dann bin ich gut damit beraten, das Ganze besser heute als morgen zu begraben. Warum meine Energie, meine Liebe und Hingabe in etwas hineinfließen lassen, bei dem ich von vorneherein ahne bzw. sogar schon weiß, dass es keine Zukunft hat?

Im Blick auf die derzeitige Situation unserer Ordensgemeinschaft hätten wir demzufolge allen Grund, die Segel zu streichen:

Mit einem Altersdurchschnitt von inzwischen fast 81 – in Worten: einundachtzig! – Jahren sind wir personell schon lange nicht mehr in der Lage, große Sprünge zu machen. Und selbst für kleine Sprünge geht uns inzwischen schon die Puste aus, was sich unter anderem darin zeigt, dass immer weniger Schwestern in der Lage sind, in der Gemeinschaft verantwortliche Ämter zu besetzen. Aber nicht nur personell, sondern auch finanziell werden die Herausforderungen angesichts der Alterspyramide nicht kleiner. Um es kurz zu machen: Aus weltlicher Sicht wäre es mehr als vernünftig zu sagen: „Das hat keine Zukunft", denn wir können wirklich nicht sagen, ob bzw. wie wir in 25, vielleicht sogar bereits in 10 Jahren noch dastehen werden.

Während meine innere „Strategie" im Umgang mit dieser Realität jahrelang darin bestand, mir den Gedanken „Das hat keine Zukunft" mit mehr oder minder großem Erfolg zu verbieten, setzte in mir vor einiger Zeit ein grundlegendes Umdenken ein. Auslöser waren die Vorbereitungen zum 150-jährigen Bestehen unserer Gemeinschaft. Als Teil der „Jubiläumsgruppe", die sich zwei Jahre lang mit der Gestaltung unseres Jubiläumsjahres beschäftigte, nahm ich mir als Inspiration nach langer Zeit wieder einmal unsere Gründungsgeschichte zur Hand. Dass es da in den Anfangsjahren äußerst turbulent zuging und viele Schwierigkeiten gab, war mir noch vom Noviziatsunterricht her im Hinterkopf, doch als ich die Geschichte neuerlich las, durchfuhr es mich wie ein Blitz, und ich dachte: „Das *konnte* doch gar keine Zukunft haben!" Das Verrückte aber: Es hatte eine. Und was für eine! Eine Zukunft, die zumindest schon einmal so weit fortgeschritten ist, dass ca. 148 Jahre später eine Sr. M. Ursula sich tief bewegt fragt: Wieso hat unsere Gründerin Mutter Cherubine eigentlich damals nicht alles geschmissen und ist einfach in ihre schöne Schweizer

Heimat zurückgekehrt? Ich weiß, dass weder sie selbst noch die kleine Schar der ersten Schwestern blauäugig oder naiv waren. Briefwechsel aus der damaligen Zeit bezeugen, dass sie sehr wohl begriffen hatten, dass das kleine Kloster auf dem Arenberg am seidenen Faden hing. Und dennoch sind sie geblieben, ohne zu wissen, ob ihnen und ihrer kleinen Gemeinschaft eine Zukunft bereitet sein würde. Sie sind geblieben, weil sie nicht einfach ihr Ding machen wollten, sondern weil sie – allen Turbulenzen zum Trotz – zur Gewissheit gekommen waren, dass es Gottes Wille war, auf dem Arenberg zu bleiben: *„Auf meinen gütigen und lieben Gott vertrauend, der mich in diesem Augenblick gewiss nicht irregehen lassen wird, bezeichne ich als den Ort meines zukünftigen Wirkens das Klösterchen in Arenberg"*, schreibt Mutter Cherubine am 14.12.1870 an Pfarrer Kraus, der die Schwestern nach Koblenz gerufen hatte.

In der Auseinandersetzung mit dem Pioniergeist, den unsere ersten Schwestern gezeigt haben, ist mir eines bewusst geworden: Der Frage nach der gesicherten Zukunft zu viel Macht zu geben, hieße, unseren Auftrag zu verraten. Natürlich müssen wir als Gemeinschaft Sorge tragen, nicht nur für unsere Schwestern, sondern auch für unsere zahlreichen Mitarbeitenden. Dennoch dürfen wir niemals vergessen, dass die Zukunft, das weitere Bestehen, nicht allein in unserer Hand liegt, sondern letztlich ein Geschenk ist.

„Ich kenne die Gedanken, die ich für euch denke – Spruch des HERRN –, Gedanken des Heils und nicht des Unheils; denn ich will euch eine Zukunft und eine Hoffnung geben." Diese Worte verkündet der Prophet Jeremia dem Volk Israel während des babylonischen Exils, inmitten der denkbar größten Katastrophe. Diese von Gott geschenkte Zukunft erwächst aus dem Heute, und so

werden die in der Fremde zerstreuten und verunsicherten Menschen durch das Wort des Propheten ermutigt, nicht darauf zu warten, dass die äußeren Umstände besser werden. Im Hier und Jetzt, mitten in der Verbannung, sollen sie heimisch werden, Häuser bauen, (Apfel-)Bäume pflanzen und Familien gründen.[45]

Apropos im Heute leben: Bei allen Herausforderungen, die unser derzeitiges Leben natürlich auch mit sich bringt, schätze ich es inzwischen sogar, dass wir als Gemeinschaft momentan gar keine großen Pläne schmieden können. Unsere Armut zwingt uns dazu, im Heute zu bleiben. Für mich fühlt sich das so an, als wären wir ein Weinstock, der gerade beschnitten wird und dadurch die Möglichkeit bekommt, wieder in seine Kraft zu kommen und gute Früchte hervorzubringen. Auch wenn es sich verrückt und naiv anhört: Ich glaube fest daran, dass uns eine große Zukunft geschenkt ist. Wer weiß, vielleicht wird in 150 Jahren wieder eine glückliche Arenberger Dominikanerin unsere Chronik lesen und sich darüber wundern, dass die Schwestern Anfang der 2000er nicht einfach die Segel gestrichen haben. Nein, wir streichen sie nicht. Wir stellen sie weiterhin – wie Alfred Delp es einst so wunderbar ausdrückte – „in den unendlichen Wind, um dann neu zu spüren, zu welcher Fahrt wir fähig sind".

EWIGKEIT

Ein durchschnittlicher Furz stinkt vielleicht zehn Sekunden. Eine gemeine Stechmücke lebt ein paar Tage bis Wochen. Meerschweinchen können bis zu acht Jahre alt werden und Menschen leben im Durchschnitt 70 bis 80 Jahre. Das ist im Vergleich zum stinkenden Furz schon eine gewaltige Zeitspanne.

Aber: Eine Galapagos-Schildkröte wird 150 bis 200 Jahre alt, die Sixtinische Kapelle steht seit mehr als 500 Jahren und die Pyramiden von Gizeh trotzen seit 4500 Jahren dem Wüstensand. Vor 30 000 Jahren starb der Neandertaler aus und der erste moderne Mensch betrat vor rund 100 000 Jahren die Weltbühne. Dinosaurier gibt es seit etwa 66 Millionen Jahren nicht mehr und der Urknall fand vor ca. 13,8 Milliarden Jahren statt. Im Vergleich zu solchen Zeitspannen wird die menschliche Existenz zu einem kleinen, stinkenden Furz und mein Vorstellungsvermögen kapituliert. Und dann soll es auch noch so etwas wie Ewigkeit geben? Ohne Anfang? Ohne Ende? Immerwährend? Sorry, da muss ich passen.

Die Ewigkeit bleibt für mich abstrakt und unbeschreiblich. Unerklärlich. Ein bisschen so wie Gott. Oder wie das Paradies mit seiner raum- und zeitlosen Glückseligkeit. Nicht endend. Da komme ich nicht mehr mit, weil mein Verstand sich an irgendwelchen Start- oder Zielpunkten festhalten möchte.

Wenn es mir nicht gelingt, mich über das große Ganze der Ewigkeit zu nähern, versuche ich es mal auf mikroskopisch kleiner Ebene: Der menschliche Körper besteht – wie alles andere auf diesem Planeten auch – aus nichts anderem als einer riesigen Anzahl von Atomen bzw. Elementen. Und vielleicht war es nur Glück, dass für mich die Elemente Sauerstoff, Kohlenstoff, Wasserstoff, Stickstoff, Calcium, Chlor, Phosphor, Kalium, Schwefel, Natrium und Magnesium in exakt der richtigen Verteilung vorhanden waren und ich ein Mensch wurde. Kein Eichhörnchen, keine Nordmanntanne, kein Kieselstein. Ein, zwei andere Elemente aus dem Baukasten des Periodensystems, vielleicht ein etwas anderes Verhältnis von Kohlenstoff und Phosphor, und ich wäre vielleicht ein Stahlträger geworden.

Mit diesem vielleicht ein wenig albern anmutenden und verein-
fachten Konzept wird die Ewigkeit für mich zumindest ansatz-
weise vorstellbar. Alles, alles, wirklich alles auf dieser Welt ist Teil
eines riesigen Kreislaufs. Denn alles auf dieser Welt besteht aus
ein paar Handvoll Bausteinen. Wenn ein Stück Papier verbrennt,
wird es in seine Einzelteile zerlegt, aus denen dann wieder etwas
Neues entstehen kann. Und wenn ein Mensch stirbt, zerfällt er in
all die Wasserstoff-, Sauerstoff- und Stickstoff-Teile, aus denen er
gebaut wurde, und aus diesen Teilen entsteht dann etwas Neues.
Vielleicht steckten Atome von mir schon in einem Dinosaurier,
in dem letzten lebenden Neandertaler oder einem Kieselstein am
Rande der Sahara. Wer weiß das schon. Fakt ist: Zoomt man sich
bis auf die Molekularebene in den menschlichen Körper hinein,
stimmt der bei Esoterikern, Yoga-Fans und sich als „spirituell"
bezeichnenden Menschen beliebte Satz, dass alles mit allem verbunden ist. Körper und …

Die Seele ist der Knackpunkt in diesem Modell. Sie ist nicht
greifbar. Selbst mit dem leistungsfähigsten Mikroskop lässt sie
sich nicht aufspüren. Und die Theorie, dass die Seele etwas Mess-
bares sei, das genau 21 Gramm wiegt, hat sich auch als Humbug
herausgestellt. Vielleicht wird der Mensch irgendwann einmal in
der Lage sein, die Seele zu lokalisieren und zu erforschen, was
mit ihr passiert, wenn unser Körper stirbt.

Ich fände es unfair, wenn sie einfach verschwinden würde.
Die kleinsten Bauteile bleiben über den Tod hinaus erhalten und
formieren sich bis in alle Ewigkeit neu, aber etwas Großarti-
ges wie die Seele des Menschen soll nach ein paar Jahrzehnten
einfach für immer verloren sein? Wie ein Furz im Wind? Das
mag ich nicht glauben. Und das macht auch überhaupt keinen
Sinn.

Vielleicht ist die Ewigkeit ein Ort, an dem die Seele nach dem Tod abgespeichert wird. Ein Ort, an dem sie sich mit allen anderen Seelen, die es jemals gab, verbindet. Vielleicht ist sie ein kleiner Baustein von etwas, das zu groß ist, um es begreifen zu können. Vielleicht sind Begriffe wie Himmel, Nirwana, Paradies oder die ewigen Jagdgründe nichts als Versuche, diesen Speicher zu benennen. Daran möchte ich glauben.

● ○

Rickenbach, im Mai 2014. Sechs Tage im Schweigen liegen hinter mir, langsam biege ich auf die „Zielgerade" meiner Exerzitien ein. Größere mentale Katastrophen sind zum Glück ausgeblieben, bis dahin also eine gute Zeit, auch wenn die Woche wie immer anstrengend war. Doch dann, an diesem siebten Tag, geht innerlich auf einmal gar nichts mehr. Schon in der Eucharistiefeier, für mich sonst der Höhepunkt eines jeden Tages, fühle ich mich komplett abgelöscht. Lähmende Lustlosigkeit macht sich breit und alles wird mir zu viel: Zu viel Stille, zu viel Meditation, zu viel Evangelium, zu viel Gebet, zu viel Sitzen, zu viel Sonne, zu viel Naturerfahrung, zu viel nerviges Kuhglockengebimmel um mich herum – wirklich alles geht mir auf die Nerven. Aus purem Pflichtbewusstsein begebe ich mich dennoch am Abend zum gemeinsamen Tagesabschluss: eine halbe Stunde stille Meditation. Die will ich einfach nur absitzen, um mich danach endlich aus dem Staub machen zu können. Unwillig ziehe ich meine Schuhe aus, öffne die Tür zum Meditationsraum, gehe zu meinem Gebetshocker und tröste mich: „Gleich hast du's geschafft, diese halbe Stunde überlebst du jetzt auch noch." Nichts habe ich in diesem Augenblick zu geben – keine fromme Andacht, keine warmen Gefühle, keine schönen Gedanken, noch nicht einmal mehr den guten Willen, dass sich in dieser Gebetszeit etwas an diesem Zustand ändern könnte. Trotzdem: Ich knie mich hin und verneige mich („Das macht man ja schließlich so ...") vor dem Allerheiligsten. Und dann, ausgerechnet in diesem Moment, spüre ich plötzlich pure Gegenwart. Christus ist da und ich bin da, sonst nichts. Es ist, als hätte jemand in meinem Herzen einen Schalter umgelegt: Alles Schwere, das ganze Genervtsein fällt von mir ab, jeder Gedanke an Zeit und Raum verliert sich, nichts tut mehr weh, ich bin einfach nur noch da – und das mit einem unbeschreiblichen Frieden im Herzen. Gott ist im Raum, daran habe ich in diesem Augenblick nicht den geringsten Zweifel, und diese Gewissheit macht mich unendlich glücklich. Als nach einer halben Stunde die Klangschale das Ende der Meditation einläutet, fühlt es sich an, als müsste ich mich aus dem Paradies verabschieden. Und dennoch: Leichten Herzens stehe ich auf, ziehe draußen vor der Tür meine Schuhe wieder an und fühle mich wie neugeboren.

Über Ewigkeit *nachzudenken,* erlebe ich als ziemlich anstrengend und überfordernd. Zum einen, weil ich sehr schnell ins Grübeln komme, zum anderen, weil die Abwesenheit von Zeit und Raum meine Vorstellungskraft schlicht übersteigt. Es ist für mich tatsächlich undenkbar. Und doch bin ich überzeugt, dass Ewigkeit in dieser Welt, im Hier und Jetzt, *erfahrbar* ist. So wie in dieser halben Stunde in Rickenbach.

Deutlich wahrnehmen kann ich diese Spannung zwischen Denken und Fühlen beispielsweise auch bei der Betrachtung des Sternenhimmels. Da ist zunächst das Geheimnis, das mich staunen lässt und in der Tiefe meiner Seele anspricht; doch sobald ich beginne, darüber nachzugrübeln, wie viele Millionen Lichtjahre diese Sterne von uns entfernt sind und warum wir uns auf dieser winzigen Erde überhaupt Gedanken darüber machen können, weicht meine Faszination einem Unbehagen, einem Gefühl der Verlorenheit.

Vielleicht hat König David ähnliche Erfahrungen gemacht, wenn er im Psalm betet: „Herr, mein Herz überhebt sich nicht, nicht hochmütig blicken meine Augen, ich gehe nicht um mit großen Dingen, mit Dingen, die mir nicht begreiflich sind. Vielmehr habe ich besänftigt, habe zur Ruhe gebracht meine Seele. Wie ein gestilltes Kind bei der Mutter, wie das gestillte Kind, so ist meine Seele in mir."[46]

Das Gefühl in diesen Augenblicken meines Lebens, die mir eine leise Ahnung davon geben, wie sich die Ewigkeit anfühlt, hat tatsächlich viel mit Gestilltsein zu tun. In diesen Momenten fühle ich mich zutiefst geborgen in der Gegenwart Gottes. Eine Erfahrung, die unverfügbar ist. Auch wenn ich mich innerlich noch so sehr anstrenge – ich kann sie nicht machen, nicht künstlich herbeiführen. Sie wird einfach so geschenkt, und das meist in Situationen, in denen ich am wenigsten damit rechne, so wie damals in Rickenbach. Dieser Moment des Ergriffenseins von einer Wirklichkeit, die mein Verstehen übersteigt und doch ganz und gar vertraut ist. Ein kleines Aufblitzen des Himmels, das mir das wahre Ziel meines Lebens vor Augen führt und zugleich dem Hier und Jetzt neue Qualität verleiht.

Ich bin davon überzeugt, die Ewigkeit, nach der wir alle uns bewusst oder unbewusst so sehr sehnen, ist unser Ursprung und unser Ziel: Es ist die unendliche Liebe Gottes, aus der wir alle hervorgegangen sind und in der wir einst vollendet werden.

LIEBE

Vielleicht ist es nur ein Zufall, vielleicht ist es symptomatisch: Der Text über die Liebe ist der letzte Text, den ich für dieses Buch schreibe. Ich habe in den vergangenen Wochen und Monaten so viele Schlagwörter bearbeitet, habe mit ihnen gespielt und gerungen. Ich habe geflucht und Momente des Glücks erlebt, wenn ich das Gefühl hatte, ein Thema zu meinem Thema gemacht zu haben. Mit meinen Gedanken und mit meinem Rhythmus. Und jetzt – ganz am Ende – kommt die Liebe.

„Liebt einander! Wie ich euch geliebt habe, so sollt auch ihr einander lieben", heißt es in der Bibel.[47] Die Liebe ist also ein Auftrag von ganz oben, und doch tun wir uns in der Regel ziemlich schwer mit ihr.

Die Liebe zu einem uns nahestehenden Menschen ist dabei noch die leichteste Übung. Diese tiefe Verbundenheit in einer Paarbeziehung, zum Kind oder zu den Eltern. Liebe ist Annahme, sie ist gemeinsames Wachsen, ein bedingungsloses Ja zum anderen und zu dieser Verbindung. Wenn wir lieben, achten wir aufeinander.

Was in diesen engen familiären und partnerschaftlichen Beziehungen häufig noch ganz gut funktioniert, wird im alltäglichen Umgang mit uns weniger gut bekannten Menschen oder gar Fremden schon schwieriger. Warum sollte man auch den Nachbarn vier Häuser weiter, der sowieso nie grüßt, bitteschön lieben? Macht er doch auch nicht. Sonst würde er ja grüßen. Und der Rentner in seinem Opel Astra, der mit 90 km/h auf der linken Spur klebt? Der bekommt keine Liebe, der bekommt die Lichthupe. Und der stark schwitzende und unangenehm riechende Mensch in der Schlange am Postschalter direkt hinter uns? „Bei aller Liebe", denken wir dann oft, aber da ist dann gar keine Liebe. Da sind eher Unverständnis, Ekel und das Fehlen von Interesse.

Und dann gibt es noch die Menschen, die uns nicht nur gleichgültig sind, sondern die wir wirklich ablehnen. Menschen, auf die wir sauer sind. Der Gebrauchtwagenhändler, der uns über den Tisch gezogen hat. Der Ex-Chef, der uns so malträtierte, dass wir unseren Job hinschmissen. Der Typ vom AfD-Stand in der Fußgängerzone, der uns seinen Flyer in die Hand drücken will. All die Politiker, die uns nicht gefallen, all die Terroristen und Kriegstreiber, die Straftäter hinter Gittern, all jene, die am Rand der Gesellschaft leben.

„Liebt einander! Wie ich euch geliebt habe, so sollt auch ihr einander lieben", steht da aber nun in der Bibel. Und nicht: „Liebt einander! Also natürlich nur, wenn es euch in den Kram passt und euer Hintermann in der Schlange nicht nach Schweiß stinkt."

Liebe ist groß und toll und wunderbar. Sie ist aber auch ein knallharter Auftrag, der alles andere als leicht umzusetzen ist. Und da spreche ich aus Erfahrung. Im Auto kann ich andere Fahrer mit Kraftausdrücken bezeichnen, die wirklich gemein sind. Und damit meine ich jetzt nicht ein leicht genervtes „Idiot" oder „Blödmann". Nein, ich meine gebrüllte Begriffe aus dem Bereich zwei Schubladen darunter. Unterste Schubladen. Ganz hinten.

Es gibt außerdem Menschen in meinem Leben, mit denen ich seit Jahren und Jahrzehnten kein Wort gesprochen habe. Aus Groll und Verärgerung, manchmal aus Desinteresse oder Trotz. Und bei einigen dieser Menschen erinnere ich mich nicht einmal an den Auslöser meines Ärgers.

Trotzdem halte ich den biblischen Auftrag und diese Maximalforderung nach Liebe für wichtig. Denn er erinnert mich daran, dass es auch anders gehen könnte. Dass ich zwar immer eine Entscheidungsfreiheit habe, aber auch ein Stück weit für die Liebe in dieser Welt verantwortlich bin. Dass selbst ich mich mit kleinen Tippelschritten auf meine Mitmenschen zubewegen kann. Manchmal gehe ich mit einem solchen Tippelvorsatz einkaufen – vielleicht, weil ich gut gelaunt bin, vielleicht auch nur so – und versuche, allen Menschen mit einem Lächeln zu begegnen. Das mag noch keine Liebe sein, aber es funktioniert. Und es ist ein Anfang.

Die Liebe ist eine mächtige Waffe. Sie kann aus dieser Welt einen besseren Ort machen. Einen Ort, an dem es sich zu leben lohnt. Einen Ort, an dem wir glücklich sind. Nein, es ist häufig nicht einfach zu lieben. Es ist nicht einfach zu leben. Und in der Nachfolge von Jesus Christus zu leben, ist eigentlich total verrückt. Superradikal. Superherausfordernd. Und immer auch mit Scheitern verbunden. Man ringt mit sich selbst, mit Idealen, Vorbildern und mit der Lebenswirklichkeit. Ich denke jedoch, dass diese Kämpfe dazugehören. Dass sie elementarer Bestandteil des Christseins sind. Dass wir scheitern dürfen. Immer wieder. Und dass wir scheitern müssen. Immer wieder.

Ich werde nicht jeden Menschen lieben können. Noch nicht einmal jeden Nachbarn und erst recht nicht jeden Autofahrer auf unseren Straßen. Aber ich kann jeden Tag neu versuchen, nur einen einzigen Menschen mehr zu lieben als am Tag zuvor. Ich habe es in der Hand. Wir haben es in der Hand. Auf eine bessere Welt. Jetzt.

● ○

Eine unserer älteren Mitschwestern, der ich mich sehr verbunden fühle, erzählte mir einmal eine Kindheitsgeschichte, die sich mir ins Herz gebrannt hat: Als kleines Mädchen fiel ihr in der Kirche bei den Gottesdiensten eine Frau auf, die immer unendlich traurig wirkte. Die Frau war sehr alt, ging stark gebückt, und weder lächelte noch lachte sie jemals. „Wie bloß könnte ich ihr eine Freude machen?", überlegte die Kleine. Und beinah sofort fiel ihr etwas ein: ihre winzige Puppenküche, die sie so sehr liebte! Am darauffolgenden Sonntag verschenkte sie ihr Ein und Alles an die traurige alte Frau, denn, da war sie sich ganz sicher: Diese wunderschöne Miniaturküche zum Zusammenklappen machte ihr selbst so viel Freude, damit musste sie auch der alten Frau ein Lächeln ins Gesicht zaubern können!

Noch heute, viele Jahrzehnte später, kann unsere Schwester diese Puppenküche von einst in allen Einzelheiten beschreiben, und ihre Augen beginnen dabei zu strahlen.

Ich bin felsenfest davon überzeugt: Geschichten wie diese sind weltbewegend. Damit meine ich nicht nur die Welt der traurigen Frau oder des kleinen Mädchens von damals – nein, die *ganze* Welt wird bewegt durch solche „Explosionen der Liebe", die, obwohl ganz leise, doch so ungeheuer kraftvoll sind. Durch sie werden wir aus dem alltäglichen Einerlei gestoßen, werden wir verwandelt, blühen auf und finden neues Leben. Geschichten wie diese lassen etwas aufscheinen von dem, wozu wir eigentlich geschaffen sind.

Was mir bei allem Pessimismus, der sich meiner zuweilen zu bemächtigen droht, immer wieder neue Kraft und Hoffnung schenkt, ist der Gedanke daran, wie oft, Tag für Tag, still und im Verborgenen, solch wunderbare Dinge passieren. Wie Menschen absichtslos Hilfe leisten, füreinander da sind, einander halten und auch tragen in schweren Lebenslagen.

Auch wenn immer wieder der Eindruck entstehen könnte, dass das Vordergründige, Gewalttätige, Laute in dieser Welt alles beherrscht, bin ich davon überzeugt, dass das nicht die Wahrheit ist.

Wie anders ließe es sich erklären, dass alle Diktatoren und Terroristen dieser Welt ausgerechnet die scheinbar harmlose Liebe fürchten wie der Teufel das Weihwasser? Dass sie mit unvorstellbarer Gewalt und völlig unverhältnismäßigen Mitteln der Liebe Herr werden wollen? Dass sie immer wieder auf perfide, armselige Weise versuchen, die Liebe im Keim zu ersticken, indem sie töten, Ängste schüren und Menschen entzweien?

Im Buch Ezechiel ist uns in Kapitel 47 die Vision von der Tempelquelle überliefert: Der Prophet beschreibt dort, wie Wasser aus dem Allerheiligsten hervorströmt, zunächst als kleines, unscheinbares Rinnsal, und schließlich zu einem mächtigen, mitreißenden Strom wird. *„Diese Wasser fließen hinaus [...] und münden in das Meer. Sobald sie aber in das Meer gelangt sind, werden die Wasser gesund. Wohin der Fluss gelangt, da werden alle Lebewesen, alles, was sich regt, leben können und sehr viele Fische wird es geben. Weil dieses Wasser dort hinkommt, werden sie gesund; wohin der Fluss kommt, dort bleibt alles am Leben. [...] An beiden Ufern des Flusses wachsen alle Arten von Obstbäumen. Ihr Laub wird nicht welken und sie werden nie ohne Frucht sein. Jeden Monat tragen sie frische Früchte; denn ihre Wasser kommen aus dem Heiligtum. Die Früchte werden als Speise und die Blätter als Heilmittel dienen."* Diese Wasser, die vielerlei köstliche Früchte hervorzubringen helfen und alles gesund werden lassen, sind für mich ein starkes Bild für die heilende Liebe Gottes, die niemals versiegt und sich immerzu verströmt. Wir alle tragen diese „Tempelquelle" in unserem Herzen, diese *Ströme lebendigen Wassers*[48], die selbst das salzige Wasser des Meeres gesund machen können. Auch wenn in dieser Welt oder zuweilen auch in unseren Herzen Staumauern errichtet sind, die noch so dick sein mögen – dieser Strom ist nicht zu stoppen und wird am Ende alles überfluten.

In den vergangenen Wochen habe ich mich auf vielerlei Weise, zum Teil höchst einfallsreich, darum gedrückt, über die Liebe zu schreiben. Aus Angst davor, irgendwie kitschig rüberzukommen; aus Sorge, dieses vielleicht am häufigsten missbrauchte Wort nun meinerseits zu strapazieren und in vermutlich viel zu enge Vorstellungen zu zwängen; im Wissen darum, dass es schließlich eine ganze Menge anderer Menschen gibt und gegeben hat – unter ihnen niemand Geringeres als der hl. Apostel Paulus –, die doch eigentlich schon alles darüber gesagt haben[49]. Und trotzdem – die Liebe will von jedem einzelnen Menschen neu durchdekliniert und neu gelebt werden, das ist mir in dieser Zeit klar geworden.

Die Liebe, die im Anfang alles ins Dasein gerufen hat, sie wird auch am Ende der Zeit das letzte Wort in dieser Welt haben, daran glaube ich, darauf setze ich und dafür lebe ich.

EINSICHTEN AUS ZWEISICHTEN

Über viele Monate haben wir gemeinsam und doch unabhängig voneinander Themen gewälzt. Es ging um Fragen zu Gott und der Welt, über die auch andere im Lauf ihres Lebens sicher schon gestolpert sind. Wir wollten zwei Sichtweisen zu jedem Thema geben. Und sicher gibt es unzählige weitere Betrachtungsweisen, so bunt und unterschiedlich, wie Leben nun mal sind.

Für uns beide führte jedes abgeschlossene Thema zu einem echten Aha-Erlebnis. Wie hatte sich der jeweils andere dem Thema genähert? Wo widersprachen wir uns? Ergaben unsere ZweiSichten ein scharfes Bild? Ergänzten sie sich zu einem Panorama oder führten sie zu Unschärfen? Mit jedem abgeschlossenen Thema wurde uns deutlicher, dass wir trotz unserer unterschiedlichen Lebensweisen doch aus zwei Perspektiven heraus zu vergleichbaren Erkenntnissen und EinSichten gekommen waren. Oft genug staunten wir mit offenen Mündern, wenn wir erkannten, wie ähnlich wir auf die Welt blicken.

Und auch da, wo wir unterschiedliche Ansichten hatten, hielt uns das in unserer Freundschaft nie von guten Gesprächen und Diskussionen ab. Ist das nicht wundervoll? Man kann anders denken und darüber auch noch gute Gespräche führen! Wir hoffen, Sie nehmen aus unserem Buch einige Anregungen mit.

Für uns war besonders schön, dass wir uns zum Ende des Buches schnell über eines einig waren: Die Liebe sollte in ZweiSichten das letzte Wort haben. So kann Unterschiedlichkeit funktionieren: wenn wir trotz aller Differenzen liebevoll miteinander umgehen und erkennen, welche Bereicherung in unserem Anderssein und Andersdenken liegt. Und wer weiß? Vielleicht liegen unsere Ansichten näher beieinander, als wir auf den ersten Blick gedacht hätten.

DANKE

sagen Mirko und Ursula.
Auch wenn auf dem Cover lediglich zwei Namen stehen, möchten wir gern den Menschen danken, ohne die dieses Buch niemals entstanden wäre. Und das ist keine Floskel. Ohne diese Menschen hätten wir es tatsächlich nicht geschafft.

Zuallererst ein riesiges Dankeschön an Karoline Kuhn und Annette Friese, die dieses Projekt von Anfang an mit grenzenlosem Vertrauen, Beharrlichkeit, Humor und jeder Menge Liebe begleitet haben.

Dank an Sarah Koller und Clarissa Gröschen, die kurz vor Abgabeschluss mit unseren Texten zugeschüttet wurden und ihnen den finalen Schliff gaben, damit sie nun so schön funkeln können.

Danke sagt Mirko.
An Cornelia Heinrichs, die dafür sorgte, dass ich bei diesem Projekt am Ball blieb.

An Ursulas Mitschwestern und an alle Mitarbeiterinnen und Mitarbeiter im Kloster Arenberg, die täglich dafür sorgen, dass dieser Ort für viele Menschen ein Geschenk des Himmels zu sein scheint.

Und natürlich, jeden Tag neu: Dank an meine beste Ehefrau, die immer da ist und die dieses Leben zu meinem Leben macht. Die mich und meine Texte, falls nötig, in die richtige Richtung schubste, die las und korrigierte, die mitdachte, umschmiss und Fragen stellte. *Without you I'm nothing!*

Danke sagt Ursula.

An Sr. M. Scholastika Jurt für ihre liebevolle Präsenz und den wertvollen Austausch sowie allen Schwestern, die das Entstehen dieses Buches von Anfang an durch ihr Gebet begleitet haben.

An Bettina Merkel für die gründliche Durchsicht des Manuskripts und ihre überaus hilfreichen Rückmeldungen.

An meine Kolleginnen und Kollegen im Kloster Arenberg, die mir während des Schreibens den Rücken frei gehalten und so die Umsetzung dieses Projektes ermöglicht haben.

An Pater Wilhelm Germann, der mich schon jahrelang auf meinem Weg begleitet und mir durch seine inspirierenden Impulse hilft, mich immer neu auf das Wesentliche auszurichten.

An meine wunderbare Mutter und meinen leider viel zu früh verstorbenen Vater, an meine ganze Familie, mit der ich mich zutiefst verbunden weiß.

Über die Autoren

Foto: Conny Kurz

Mirko Kussin
Jahrgang 1974, ist freiberuflicher Redakteur und Autor. Für seine Texte wurde er mehrfach ausgezeichnet. Er bloggt unter www.sprachrhythmus.de und hat gemeinsam mit Tobias Wimbauer das Buch „Hundert Dinge" verfasst.

Foto: Conny Kurz

Ursula Hertewich
Jahrgang 1975, arbeitete nach ihrem pharmazeutischen Staatsexamen als Apothekerin und promovierte 2002 in pharmazeutischer Biologie. Heute lebt sie als katholische Ordensschwester in der Gemeinschaft der Arenberger Dominikanerinnen.

Quellenverzeichnis

1 Nach Psalm 62,12

2 Schön Genug, Words & Music by Lina Burchert & Katharina Mueller, © 2016 Hanseatic Musikverlag GmbH Co KG/Dolce Rita Music Publishing Rita Fluegge-Timm/Grosse Schwester. Bosworth & Company Limited/Warner Chappell Overseas Holdings Limited. All Rights Reserved, International Copyright Secured. Used by permission of Hal Leonard Europe Limited.

3 Lukas 10,20

4 Aus: Reinhard Kürzinger/Bernhard Sill: Das große Buch der Gebete, Verlag Pattloch 2003, S. 160, ISBN 3-629-01645-6

5 Galater 5,13

6 1. Mose 9,3

7 Prediger 9,7

8 Jesaja 25,6-8

9 Vgl. 1. Mose 1,9-31

10 Vgl. 1. Mose 3,1-24

11 Markus 12,41-44

12 Matthäus 11,19

13 Johannes 15,15

14 1. Mose 38,9-10

15 Vgl. 3. Mose, 18-22

16 Vgl. u. a. 1. Mose 1,10

17 2. Timotheus 2,13

18 2. Mose 16,3

19 Aus: „Dann wird die Wüste zum fruchtbaren Land", Sendung „Feiertag", Deutschlandfunk Kultur, 22.07.2012.

20 Aus: „Der kleine Prinz" von Antoine de Saint-Exupéry, © 1950 und 2015 Karl Rauch Verlag, Düsseldorf.

21 Lukas 14,26-27

22 Vgl. Lukas 14,28-32

23 Lukas 14,33

24 Matthäus 21,13

25 Siehe: Arun Gandhi: Wut ist ein Geschenk, Das Vermächtnis meines Großvaters Mahatma Gandhi, Verlag DuMont 2018.

26 Vgl. Jeremia 52,1 ff.

27 Johannes 5,7-9

28 Römer 8,24

29 Lukas 24,21

30 Johannes 20,1

31 Markus 6,2

32 Markus 6,3

33 Psalm 92,3

34 Vgl. Exodus 4,10

35 Vgl. Jeremia 1,6

36 Vgl. Jona 1,3

37 Aus: „Ich dein Baum", in: Dorothee Sölle, Loben ohne Lügen. Gedichte © Wolfgang Fietkau Verlag, Kleinmachnow 2000.

38 3. Mose 19,2

39 1. Korinther 3,16-17

40 Matthäus 23,1 ff.

41 1. Korinther 3,16

42 Hebräer 13,14

43 Marie Noël, Erfahrungen mit Gott. Aus dem Französischen von Franziska Knapp © Matthias Grünewald Verlag der Schwabenverlag AG, Ostfildern 2005. www.verlagsgruppe-patmos.de

44 Mascha Kaléko: Verse für Zeitgenossen. Erstveröffentlichung: 1956 Rowohlt Verlag, Hamburg © 2015 dtv Verlagsgesellschaft, München.

45 Vgl. Jeremia 29,4 ff.

46 Psalm 131, 1-2

47 Johannes 13,34

48 Vgl. Johannes 7,38

49 Vgl. 1. Korinther 13

Der Verlag weist ausdrücklich darauf hin, dass im Text
enthaltene externe Links vom Verlag nur bis zum Zeitpunkt
der Buchveröffentlichung eingesehen werden konnten.
Auf spätere Veränderungen hat der Verlag keinen Einfluss.
Eine Haftung des Verlages ist daher ausgeschlossen.

Der Verlag hat sich bemüht, die Inhaber aller Rechte
ausfindig zu machen; dies ist leider nicht in allen Fällen gelungen.
Sollte dem Verlag gegenüber dennoch der Nachweis der
Rechtsinhaberschaft geführt werden, wird diese selbstverständlich in
branchenüblicher Weise abgegolten.
Die zitierten Bibelstellen wurden entnommen aus:
Einheitsübersetzung der Heiligen Schrift,
©2016 Katholische Bibelanstalt Stuttgart

© 2018 adeo Verlag
in der Gerth Medien GmbH, Dillerberg 1, 35614 Asslar

2. Auflage 2019
Bestell-Nr. 835210
ISBN 978-3-86334-210-4

Umschlaggestaltung: Gute Botschafter GmbH, Haltern am See
Umschlagfoto: Conny Kurz
Satz: Uhl + Massopust, Aalen
Druck und Verarbeitung: GGP Media GmbH, Pößneck
Printed in Germany

www.adeo-verlag.de